CUADERNO DE PRÁCTICA

DESCUBRE

Lengua y cultura del mundo hispánico

NIVEL 3

Blanco • Donley

VISTA®

HIGHER LEARNING

Boston, Massachusetts

Printed in the United States of America.

ISBN: 978-1-60007-308-3

10 11 12 13 14 15 RH 18 17 16 15 14 13

Table of Contents

CONTEXTOS

Lección 1
Las relaciones personales

1 **Palabras cruzadas** Completa el crucigrama.

1. alguien que no dice la verdad
2. alguien que es muy afectuoso y que muestra las emociones fácilmente
3. algo que no es cierto
4. cuando un chico invita a una chica a salir con él, o al revés
5. una persona que siente vergüenza de hablar con otras personas
6. el estado civil de alguien que vive en matrimonio

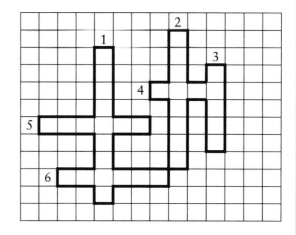

2 **No, no es verdad** Fabiola y Mariela nunca se ponen de acuerdo. Cuando Fabiola dice algo, Mariela siempre le contesta diciendo lo contrario. Escribe lo que contesta Mariela según el modelo.

> **modelo**
> **FABIOLA** ¡Carlos es insensible!
> **MARIELA** *No, no es verdad. Carlos es sensible.*

1. **FABIOLA** Fermín y Carla se odian.
   MARIELA _____
2. **FABIOLA** Fermín es muy inseguro.
   MARIELA _____
3. **FABIOLA** Carla está muy ansiosa.
   MARIELA _____
4. **FABIOLA** Ellos están divorciados.
   MARIELA _____
5. **FABIOLA** Ellos se llevan fatal.
   MARIELA _____

3 **Opuestos** Escribe el antónimo de estas palabras o expresiones.

1. agobiado _____
2. casado _____
3. pasarlo bien _____
4. salir con alguien _____
5. tacaño _____

Lección 1

4 **Oraciones incompletas** Elige la palabra apropiada para completar cada definición.

1. Una persona que impone reglas muy estrictas es _____.
   a. autoritaria   b. emocionada   c. graciosa

2. Alguien que se siente siempre triste es una persona _____.
   a. ansiosa   b. deprimida   c. tacaña

3. A una persona _____ no le gusta gastar su dinero.
   a. falsa   b. cariñosa   c. tacaña

4. Alguien es _____ cuando no dice la verdad.
   a. maduro   b. orgulloso   c. mentiroso

5 **Analogías** Completa cada analogía con la palabra adecuada.

1. pasarlo bien : discutir :: adorar: _____

2. seguro : confianza :: cariñoso: _____

3. salir con : romper con :: estar casado: _____

4. preocupado : ansioso :: mentiroso: _____

6 **Relaciones** Usa las palabras y frases de la lista para formar oraciones sobre personas que tú conozcas.

cuidar	hacerle caso a alguien	pasarlo bien
discutir	llevar...años de casados	salir con
estar harto de	mantenerse en contacto	soportar a alguien

1. Mis padres **llevan** veinte **años de casados.** Aunque a veces **discuten,** ellos se adoran y tienen una buena relación.

2. _____

3. _____

4. _____

5. _____

6. _____

ESTRUCTURA

1.1 The present tense

1 **Conclusiones erróneas** Mariela tiene una mala costumbre: saca conclusiones con mucha rapidez, y por eso saca conclusiones erróneas. Completa las ideas y las conclusiones erróneas de Mariela.

1. Mi amiga **está** soltera y se **siente** sola.

    Yo _____ soltera y me _____ sola.

    Tú _____ soltero y te _____ solo.

    Conclusión: Todos los solteros se _____ solos.

2. Tú te **mantienes** en contacto con tus amigos de la escuela.

    Mis amigos y yo nos _____ en contacto.

    Mi abuela y su mejor amiga de la infancia todavía se _____ en contacto.

    Conclusión: Todos los amigos se _____ en contacto.

3. Yo me **llevo** bien con mi hermano.

    Tú te _____ bien con tu hermano.

    Mis padres se _____ bien con sus hermanos.

    Conclusión: Todos los hermanos se _____ bien.

4. Yo siempre les **hago** caso a mis padres.

    Tú siempre les _____ caso a sus padres.

    Mi amigo Guillermo siempre les _____ caso a sus padres.

    Conclusión: Todos los hijos les _____ caso a sus padres.

2 **Excusas** Juan quiere salir con Marina, pero ella no está muy interesada. Completa la conversación entre ellos con la forma correcta de los verbos entre paréntesis.

JUAN ¿1) _____ (Querer) cenar conmigo esta noche?

MARINA No, gracias, esta noche 2) _____ (salir) con una amiga.

JUAN ¿Adónde 3) _____ (ir) a ir ustedes?

MARINA Yo no lo 4) _____ (saber) todavía.

JUAN ¿Cuándo 5) _____ (pensar) tú que lo vas a saber?

MARINA Nosotras 6) _____ (tener) que ir antes a una reunión, pero yo 7) _____ (creer) que vamos a ir a bailar.

JUAN De acuerdo, pero nosotros 8) _____ (poder) hacer planes para mañana.

MARINA Yo 9) _____ (tener) mucho trabajo y además 10) _____ (estar) muy preocupada por mi amiga. Ella 11) _____ (estar) deprimida.

JUAN ¿Qué 12) _____ (poder) hacer yo para ayudarla?

MARINA Hmm... La verdad es que no 13) _____ (ver) cómo tú podrías ayudarla, pero gracias.

3 **¡Pobre Éric!** Éric está enojado. Le molestan algunas cosas que hacen su familia y sus amigos. Completa las oraciones con la forma correcta de los verbos entre paréntesis para explicar por qué Éric está enojado.

1. Éric está enojado con su amigo porque...

   (saber) _____

   (dormir) _____

2. Éric está enojado con sus amigos porque...

   (estar) _____

   (tener) _____

3. Éric está enojado con su vecino, don Pepe, porque...

   (decir) _____

   (hacer) _____

4. Éric está enojado con Johnny y Mariela porque...

   (discutir) _____

   (traer) _____

4 **Primer contacto** ¿Te acuerdas de Ana Villegas y Frank Petersen? (Ver lectura *Parejas sin fronteras*.) Ellos se conocieron en Internet jugando a las cartas y después comenzaron a intercambiar mensajes por correo electrónico. Completa sus primeros mensajes con los verbos de la lista.

| creer | estudiar | preferir | salir | tomar |
| dirigir | pensar | querer | tener | trabajar |

¡Hola, Ana! Como ya sabes, soy periodista y 1) _____ la sección de cultura de una revista. 2) _____ una perra que se llama Lola. No 3) _____ mucho porque siempre estoy trabajando. 4) _____ que eres responsable y una buena amiga. Espero conocerte en persona pronto.

Hola, Frank, gracias por tu mensaje. Tengo 25 años, ¿y tú? 5) _____ economía en la UNAM; además, 6) _____ clases de estadística. También 7) _____ en un banco en la Ciudad de México. 8) _____ a los hombres inteligentes y seguros, y 9) _____ que eres así. Yo también 10) _____ conocerte pronto.

5 **La primera cita** Finalmente, Frank decide visitar a Ana en México. Completa esta conversación que ocurre durante su primera cita en un restaurante. Usa la forma correcta de los verbos entre paréntesis.

1. **ANA** ¿ _____ ? (acordarse)
   FRANK Sí, yo estaba muy nervioso... Bueno, a ver el menú...
2. **FRANK** ¿ _____ ? (pedir)
   ANA Pollo; aquí lo cocinan al estilo italiano y es muy rico.
3. **FRANK** ¿ _____ ? (saber)
   ANA No, pero viene con una salsa con sabor a hierbas. ¡Es delicioso!
4. **FRANK** ¡Qué bueno! Y oye, ¿ _____ ? (hacer)
   ANA Normalmente, salgo con mis amigas a bailar.

1.2 *Ser* and *estar*

1 **¿Ser o estar?** Completa con la forma apropiada de **ser** y **estar**.

Johnny 1) _____ hablando por teléfono con su primo
Ernesto. Ernesto 2) _____ deprimido porque su novia
3) _____ muy lejos: ella 4) _____
en los EE.UU. Su situación 5) _____ complicada
porque Ernesto 6) _____ de México, y su novia
7) _____ estadounidense y vive en Miami.
Ellos 8) _____ muy enamorados, pero no
9) _____ felices. Ernesto 10) _____
pensando en ir a estudiar a Miami y le pregunta a su primo Johnny
si 11) _____ una buena idea. ¿Qué consejos le dará Johnny a su primo?

2 **¿Qué significa?** Selecciona la opción con el mismo significado que la oración original.

1. A Juan no le gusta mucho la clase de italiano.
   a. Juan es aburrido.   b. Juan está aburrido.

2. Juan se va de vacaciones con sus amigos. Ya tiene todo en orden. Quiere salir ahora.
   a. Juan es listo.   b. Juan está listo.

3. La profesora de Juan es muy desorganizada, siempre llega tarde y nunca comprende las preguntas
   de sus estudiantes.
   a. La profesora de Juan es mala.   b. La profesora de Juan está mala.

4. Estas naranjas no han madurado (*have not ripened*).
   a. Las naranjas están verdes.   b. Las naranjas son verdes.

5. Juan está en una cafetería con su nueva amiga. Se pone muy nervioso y enrojece.
   a. Juan es rojo.   b. Juan está rojo.

6. Juan es un chico muy activo; tiene planes para toda la semana, pero no para el sábado.
   a. Juan es libre el sábado.   b. Juan está libre el sábado.

3 **Primer día de trabajo** Completa el párrafo con la forma apropiada de **ser** y **estar**.

1) _____ las 7:00 de la mañana y Mariela todavía 2) _____ en la
cama. Hoy 3) _____ su primer día de trabajo y tiene que 4) _____ en
Facetas a las 8:00. Mira por la ventana y 5) _____ nublado. Se prepara rápidamente
y a las 7:30 ya 6) _____ lista. Mariela no sabe dónde 7) _____ la
Revista *Facetas*. Finalmente llega, y sus compañeros, que no 8) _____ trabajando,
la saludan. Ella piensa que todos 9) _____ simpáticos. Éric le dice que la reunión
con Aguayo 10) _____ en su oficina. Mariela 11) _____ un poco
nerviosa, pero 12) _____ contenta y cree que *Facetas* 13) _____ un
buen lugar para trabajar.

Lección 1 Estructura Activities   **5**

4 **El consultorio** Lee la carta que un consejero sentimental le envía a Julia y completa las oraciones con la forma correcta de **ser** y **estar**.

Querida Julia:

Tu caso no 1) _____ único, 2) _____ muy frecuente. Hay personas que 3) _____ insensibles a los sentimientos de los demás y tu novio 4) _____ una de esas personas. Él dice que 5) _____ agobiado con los estudios y que 6) _____ deprimido. No sale contigo porque 7) _____ estudiando y cuando sale contigo siempre 8) _____ coqueteando con otras chicas. Sé que tú 9) _____ pasando por un momento difícil, pero tienes que darte cuenta de que tu novio no 10) _____ sincero contigo. Te aconsejo que rompas con él. Julia, tú 11) _____ una buena chica y pronto vas a 12) _____ lista para empezar una nueva relación.

5 **La carta de Julia** Imagina que tú eres Julia. Escribe la carta que ella le escribió al consejero sentimental. Usa **ser** y **estar** en cinco oraciones.

Estimado consejero sentimental:

Necesito su consejo porque tengo problemas en mi relación. Mi novio…

_____

_____

_____

_____

_____

Atentamente,

Julia

6 **Busco pareja** Imagina que estás buscando pareja y decides escribir un anuncio personal. Describe tu personalidad y tu estado de ánimo actual (*present*). Usa **ser** y **estar** y el vocabulario de la lección.

_____

_____

_____

_____

_____

_____

_____

_____

1.3 Progressive forms

1 **¡Qué desconcierto!** Martín, el representante de un grupo musical, iba a reunirse con los músicos, pero solamente un miembro del grupo apareció en la reunión. Completa su conversación con el gerundio de los verbos entre paréntesis.

GUILLE ¿Qué anda 1) _____ (buscar), jefe?

MARTÍN Al grupo. Hace media hora que debían estar aquí.

GUILLE Están 2) _____ (descansar), jefe. Anoche

estuvimos 3) _____ (trabajar) hasta tarde.

MARTÍN ¡Me estoy 4) _____ (poner) nervioso!

Tenemos que ensayar el nuevo tema. ¿Qué están

5) _____ (hacer)?

GUILLE Juan está 6) _____ (dormir). Se acostó al mediodía.

MARTÍN ¡Ese muchacho sigue 7) _____ (ser) un irresponsable! No sé por qué lo sigo

8) _____ (soportar).

GUILLE No se enoje, jefe. Juan está 9) _____ (tocar) muy bien la guitarra estos días.

MARTÍN ¿Qué me dices de Karina?

GUILLE Hace media hora estaba 10) _____ (leer) una novela en la biblioteca.

MARTÍN ¿Y la cantante? ¿Dónde está 11) _____ (perder) el tiempo?

GUILLE Está 12) _____ (comer).

MARTÍN ¿Otra vez? ¡No podemos seguir a este ritmo!

2 **¿Qué están haciendo?** Elige cinco de las personas o grupos de personas de la lista, y para cada una escribe una oración completa con **estar** + [*gerundio*] para explicar lo que están haciendo ahora mismo.

mi madre	mi novio/a
mi mejor amigo/a	mi profesor(a) de español
nosotros	mi vecino/a

1. _____

2. _____

3. _____

4. _____

5. _____

Lección 1 Estructura Activities | **7**

3 **Muchas preguntas** Completa esta conversación entre dos amigas. ¡Una de ellas es muy preguntona (*nosy*)! Usa el presente progresivo de los verbos entre paréntesis.

SARA ¿A quién _____ estás llamando por teléfono _____ (llamar por teléfono)?

ANA A nadie. ¡Sólo tengo mi celular para llamarte a ti!

SARA ¿En qué 1) _____ (pensar)?

ANA En el fin de semana. Quiero ir a un concierto con unos amigos.

SARA ¿Qué 2) _____ (leer)?

ANA Una novela de Mario Benedetti.

SARA ¿Qué 3) _____ (beber)?

ANA Una soda.

SARA ¿Qué 4) _____ (escribir)?

ANA Sólo apuntes para el ensayo de literatura.

SARA ¿De qué te 5) _____ (reírse)?

ANA ¡Tus preguntas me hacen reír!

4 **Describir** Usa los verbos de la lista para describir lo que están haciendo estas personas.

cerrar	comprar	hacer gimnasia
comer	dormir	mostrar

1. Las niñas están durmiendo. _____

2. Tomás _____

3. Nosotros _____

4. Marcela _____

5. Julieta _____

6. Mi hermana _____

LECTURA

1 **Antes de leer** ¿Cuáles son las ciudades más grandes de tu país? Ordénalas según el tamaño (*size*). ¿Tienen algo en común?

_____

_____

_____

MÉXICO D.F., UNA MEGAMETRÓPOLI

La Ciudad de México (México D.F.) es una verdadera megametrópoli. Hoy en día, es considerada la ciudad más grande de toda América Latina y una de las más grandes del mundo. Según algunas estadísticas, es la segunda ciudad más populosa después de Tokio. México D.F. atrae a miles de inmigrantes y turistas por ser el centro cultural, político y económico del país.

El estadio Azteca en México D.F.

México D.F. fue construida sobre la antigua Tenochtitlán, capital del imperio azteca, la cual fue fundada en 1325 sobre una isla. En 1521, los conquistadores españoles, al mando de Hernán Cortés, destruyeron esa majestuosa ciudad y fundaron lo que hoy es la moderna capital del país.

En el centro de la ciudad está la llamada Plaza de la Constitución, conocida popularmente como El Zócalo. Durante el período azteca, El Zócalo era el corazón de la ciudad, y hoy día aún sigue siéndolo. Alrededor de El Zócalo, se encuentran la Catedral Metropolitana y el Palacio Nacional, actual sede del gobierno mexicano. Es aquí donde tienen lugar las mayores celebraciones nacionales y los desfiles militares importantes. El centro histórico de la ciudad, ubicado en los alrededores de El Zócalo, es un microcosmo de arte, monumentos, tiendas y magníficos restaurantes, bares y cantinas. Los aficionados al fútbol se congregan (*gather*) en el estadio Azteca. Éste es el único estadio donde se jugaron dos finales de la Copa Mundial de fútbol: en 1970 y en 1986.

2 **Después de leer** Contesta estas preguntas con oraciones completas.

1. ¿Por qué se dice que México D.F. es una megametrópoli?

_____

2. ¿Por qué México D.F. atrae a tantos inmigrantes y turistas?

_____

3. ¿Sobre qué antigua ciudad fue construida la Ciudad de México?

_____

4. ¿Qué lugar es considerado el corazón de la Ciudad de México?

_____

5. ¿Cuál es la sede del gobierno mexicano en la actualidad?

_____

6. ¿Qué se puede ver en el centro histórico de México D.F.?

_____

COMPOSICIÓN

PREPARACIÓN

Imagina que tienes un(a) nuevo/a amigo/a que vive en la Ciudad de México. Describe tu personalidad y la personalidad de tu amigo/a.

Mi personalidad	La personalidad de mi amigo/a
_____	_____
_____	_____
_____	_____

Ahora, busca información en la lectura anterior, *México D.F., una megametrópoli*, en los apuntes culturales del libro de texto y en sitios web en Internet. Luego, escribe una lista de los lugares (*places*) que a ti y a tu amigo/a les gustaría visitar según la personalidad de cada uno.

Lugares que quiero visitar yo

_____

_____

_____

_____

Lugares que quiere visitar mi amigo/a

_____

_____

_____

_____

COMPOSICIÓN

Vas a viajar a México D.F. en una semana para visitar a tu amigo/a. Usa la información de la actividad anterior para escribir un programa de actividades con los lugares que van a visitar y las actividades que van a hacer allí durante una semana.

El lunes mi amigo/a y yo vamos a buscar un hotel cerca de El Zócalo y vamos a descansar. Mi amigo/a es

_____ y él/ella prefiere _____
      (adjetivo)

_____

_____

_____

_____

_____

_____

_____

_____

_____

_____

CONTEXTOS

---

1 **Palabras relacionadas** Indica la palabra que no pertenece al grupo.

1. celebrar   brindar   festejar   aburrirsc
2. equipo   torneo   discoteca   entrenador
3. cantante   árbitro   concierto   grupo musical
4. estreno   escenario   taquilla   boliche

---

2 **Mis pasatiempos favoritos** Empareja las palabras de las dos columnas. Después escribe oraciones lógicas sobre tus pasatiempos favoritos usando al menos seis palabras de la lista.

_____ 1. cine	a. obra de teatro
_____ 2. ajedrez	b. empate
_____ 3. goles	c. juego de mesa
_____ 4. escenario	d. entrenador
_____ 5. equipo	e. álbum
_____ 6. conjunto musical	f. película

1. _____
2. _____
3. _____
4. _____
5. _____
6. _____

---

3 **La entrega de premios** Fabiola y Mariela van a la ceremonia de entrega de los Premios Ariel. Completa la conversación con las palabras de la lista.

actores	asiento	conseguir	entradas	hacer cola
aplaudir	boletos	divertir	escenario	taquilla

MARIELA Mira cuánta gente hay en la 1) _____ .

FABIOLA ¡Qué suerte! Nosotras no tenemos que 2) _____ . Ya tenemos las 3) _____ .

MARIELA Fabiola, estamos muy cerca del 4) _____ . ¿Cuál es tu 5) _____ ?

FABIOLA Yo tengo el catorce.

MARIELA Vamos a ver a todos los 6) _____ . ¡Nos vamos a 7) _____ !

FABIOLA ¡Ay, sí! Me van a doler las manos de tanto 8) _____ .

MARIELA Gracias por 9) _____ los 10) _____ .

Lección 2 Contextos Activities **11**

4 **¿Qué hacemos?** Escribe sugerencias sobre qué se puede hacer para divertirse en cada una de estas situaciones.

> **modelo**
> Es el mediodía. Juan terminó el examen y tiene la tarde libre.
> *Juan puede divertirse y disfrutar de la tarde sin estudiar.*

1. Es viernes por la noche, tú y tus amigos no tienen mucha energía. _____

   _____

2. Es sábado por la mañana y es un día de sol. Marcos se pasó la semana estudiando. _____

   _____

3. Es sábado por la noche. ¡No tengo planes! _____

   _____

4. Es domingo por la tarde y llueve muchísimo. Mara y Laura querían salir a comer. _____

   _____

5 **Fin de semana de lluvia**

Parte A Haz una lista de tus actividades favoritas para el fin de semana en orden de preferencia.

1. _____   4. _____   7. _____

2. _____   5. _____   8. _____

3. _____   6. _____   9. _____

Parte B El pronóstico para el fin de semana dice que va a llover. ¿Puedes hacer todas las actividades de la Parte A? ¿Por qué? Escribe un párrafo sobre lo que haces y no haces en un fin de semana de lluvia.

En un fin de semana de lluvia, yo _____

_____

_____

_____

_____

_____

_____

_____

_____

_____

_____

_____

_____

_____

_____

Lección 2

ESTRUCTURA

2.1 Object pronouns

1 **¿Para qué sirve?** Escribe al menos tres cosas que haces con esto. Usa pronombres de complemento directo.

1. una película: _la alquilo, la veo, la compro, la disfruto..._ _____

2. un videojuego: _____

3. una entrada: _____

4. los discos compactos: _____

5. el partido de fútbol: _____

2 **¿A qué se refieren?** Lee los textos escritos por periodistas e indica a qué o a quién se refiere cada pronombre subrayado.

> **GOL** Durante el primer tiempo, el partido fue muy aburrido. Pero en el segundo tiempo, el San Martín <u>lo</u> animó y <u>le</u> ganó al Santiago 3 a 1. Dos fanáticos comentaron:
> (1)   (2)
> "No <u>nos</u> llamó la atención. El San Martín siempre <u>nos</u> da el premio de la victoria."
> (3)   (4)

1. _____   3. _____

2. _____   4. _____

> **TELEVISIÓN** La cadena GBJ va a retransmitir esta noche el controvertido video musical del grupo Niquis. El director de la cadena, Alberto Anaya, <u>nos</u> envió un fax a los
> (5)
> periodistas para informar<u>nos</u> de su decisión. El video muestra al cantante del grupo
> (6)
> protestando contra la guerra. La Asociación de Televidentes acepta que <u>lo</u> muestren con
> (7)
> una condición: que el Señor Anaya no <u>lo</u> transmita en horario infantil.
> (8)

5. _____   7. _____

6. _____   8. _____

3 **En la radio** Un locutor de radio está entrevistando a un director de cine. Completa la entrevista con los pronombres adecuados.

LOCUTOR Es un gusto para 1) _____ tenerte otra vez en mi programa. Se te ve muy contento.

DIRECTOR Sí, 2) _____ estoy. Este premio es muy importante para 3) _____.

LOCUTOR ¿A quién 4) _____ dedicas el premio?

DIRECTOR A mi esposa, claro. Ella 5) _____ apoya siempre. 6) _____ ayuda en los momentos malos y 7) _____ acompaña siempre en mis viajes.

LOCUTOR ¿Cuáles son tus proyectos ahora?

DIRECTOR Siempre 8) _____ gusta tomarme un recreo después de cada película. A mi esposa y a 9) _____ siempre 10) _____ gusta tomarnos unas vacaciones.

4 **Consejos** Una actriz sin mucha experiencia recibe consejos de su agente. El agente repite todos los consejos para que la actriz no se olvide. Completa las oraciones reemplazando las palabras subrayadas con los pronombres adecuados.

1. Saluda a los espectadores.

   Recuerda: _____

2. No puedes olvidar las cámaras.

   Recuerda: _____

3. No muevas tanto la boca al hablar.

   Recuerda: _____

4. Evita los gestos exagerados con la cara y las manos.

   Recuerda: _____

5. Deja las escenas de riesgo para tu doble.

   Recuerda: _____

6. Debes escuchar al director.

   Recuerda: _____

7. Estudia bien el guión de tu personaje.

   Recuerda: _____

8. Debes tratar a los otros actores con amabilidad.

   Recuerda: _____

5 **Entrevista** Completa la entrevista que un periodista le hace a un actor famoso. El actor contradice todo lo que dice el periodista. Usa los pronombres adecuados en las respuestas del actor.

> **modelo**
>
> **PERIODISTA** Mi colega dijo que el público odia su nueva película.
> **ACTOR** *No, no la odia.*

1. **PERIODISTA** Un colega periodista los vio a usted y a su amiga, Laura Luna, cenando en un restaurante. ¿Es verdad? ¿Los vio?

   ACTOR _____

2. **PERIODISTA** También me contó que te pidió un autógrafo.

   ACTOR _____

3. **PERIODISTA** Él me dijo que... no pagaste la cena de tu amiga.

   ACTOR _____

4. **PERIODISTA** Y también me dijo que no les diste propina (*tip*) a los camareros.

   ACTOR _____

5. **PERIODISTA** Él me dijo que le diste un beso a tu amiga.

   ACTOR _____

6 **Conciertos** Imagina que eres el/la nuevo/a secretario/a de cultura de tu ciudad. Contesta las preguntas de un periodista sobre eventos musicales en tu ciudad. Usa pronombres de complemento directo. Palabras útiles: **la taquilla, el público, el representante artístico, el organizador de la feria.**

1. ¿Quién elige a los grupos musicales? _____

2. ¿Quién contrata a los artistas? _____

3. ¿Quién negocia el contrato de los músicos? _____

4. ¿Dónde puedo comprar las entradas para un concierto? _____

Lección 2

2.2 *Gustar* and similar verbs

1 **¡Opiniones diferentes!** Éric y Diana están en un concierto, pero cada uno de ellos tiene opiniones muy diferentes sobre la banda. Completa su conversación con la forma correcta de los verbos de la lista y los pronombres adecuados. En algunos casos, más de una respuesta es posible. No repitas los verbos.

aburrir	doler	fascinar	interesar
disgustar	encantar	gustar	molestar

ÉRIC ¡Cómo me estoy divirtiendo! 1) _____ este grupo musical.

DIANA Pues a mí 2) _____ y 3) _____

la música tan alta (*loud*), además 4) _____ la cabeza.

ÉRIC A ti siempre 5) _____ todo lo que a mí

6) _____.

DIANA La próxima vez vamos a ver una película; yo sé que 7) _____

el cine. Podemos invitar a Johnny.

ÉRIC Sí, a Johnny y a mí 8) _____ todas las películas,

especialmente los grandes estrenos.

2 **De turismo** Un periodista de la revista *Facetas* entrevista a un grupo de turistas que están visitando la Ciudad de México. Escribe las preguntas del periodista.

1. (aburrir / la ciudad / a ti) ¿_____?
2. (gustar / los edificios / a ti) ¿_____?
3. (caer bien / la gente / a ustedes) ¿_____?
4. (preocupar / la calidad de los restaurantes / a usted) ¿_____?
5. (interesar / el arte / a ustedes) ¿_____?
6. (faltar / lugares de entretenimiento / a la ciudad) ¿_____?

3 **Las respuestas de los turistas** Completa las respuestas de algunos turistas a las preguntas de la actividad anterior.

1. Raúl: "¡No! ¡Al contrario! Es grande, bella y divertida. No ___me aburre___ ni un poquito".
2. Eugenia: "Son hermosos. El estilo modernista _____ especialmente".
3. Esteban y Mariela: "_____ muy bien. Nos tratan maravillosamente en todos lados. La gente aquí es muy cálida".
4. Pepe: "Sí, _____ un poco, porque quiero comer bien. Aunque hasta ahora, son excelentes".
5. Mariano y Lisa: "Sí, _____ mucho. Vamos a visitar todos los museos de la ciudad".
6. Roberto: "Es lo que menos _____ a la ciudad. Hay muchos lugares divertidos".

Lección 2 Estructura Activities **15**

4   **Preferencias** Escribe oraciones lógicas usando en cada una un elemento de cada columna.

mis amigos	fascinar	jugar al fútbol
yo	molestar	hacer cola
tu entrenador	aburrir	ganar partidos
los espectadores	gustar	los conciertos
los jugadores	encantar	vender discos
el cantante	importar	el ajedrez
los músicos	disgustar	los pasatiempos
el árbitro	preocupar	perder
el equipo	interesar	ganar
los deportistas	faltar	los espectáculos

1. A mis amigos les molesta hacer cola. _____

2. _____

3. _____

4. _____

5. _____

6. _____

7. _____

8. _____

9. _____

10. _____

5   **Tus gustos** ¿Qué pasatiempos y actividades te gustan? ¿Por qué? Escribe un párrafo de por lo menos seis oraciones expresando tu opinión. Usa **gustar** y otros verbos similares y el vocabulario de la lección.

_____

_____

_____

_____

_____

_____

_____

_____

_____

_____

_____

Lección 2

2.3 Reflexive verbs

1   **La rutina de Mariela** Ordena las oraciones de una manera lógica.

_____ a. **Después del desayuno, se lava** los dientes y **se peina.**

_____ b. Sin embargo, nunca **se levanta** hasta las 7:30.

_____ c. **Por último, se pone** la chaqueta y sale para la oficina.

_____ d. Después de **ducharse, se viste.**

_____ e. Mariela **se despierta** a las 7:00 de la mañana cuando suena su despertador.

_____ f. Después de **vestirse,** desayuna.

_____ g. Lo primero que hace después de levantarse es ducharse.

_____ h. Mariela **se maquilla** después de **peinarse.**

2   **¿Voy o me voy?** Completa las oraciones con la forma adecuada del verbo que está entre paréntesis.

1. Ana y Juan _____acuerdan_____ (acordar) no pelear más.

2. Ana y Juan _____se acuerdan_____ (acordar) de su primera cita.

3. Carmen _____ (ir) temprano de la fiesta.

4. Carmen _____ (ir) a la fiesta muy mal vestida.

5. Martín y Silvia _____ (llevar) muy bien.

6. Martín y Silvia _____ (llevar) a los niños a un picnic.

7. Sebastián _____ (poner) la camisa sobre la cama.

8. Sebastián _____ (poner) la camisa roja.

9. Manuel _____ (reunir) el material que necesita para terminar el proyecto.

10. Manuel _____ (reunir) con sus amigos para terminar el proyecto.

3   **Un día importante** Valentina se casa mañana con Juan y necesita prepararse para la ceremonia. Valentina repasa los preparativos con sus damas de honor (*bridesmaids*). Completa sus planes con los verbos de la lista. Usa el presente o el infinitivo según corresponda.

ducharse	levantarse	ponerse	relajarse
enterarse	maquillarse	preocuparse	vestirse

¡A ver, chicas! Éstos son los planes para mañana. Presten atención porque no quiero 1) _____ mañana. Quiero estar preparada tres horas antes de la ceremonia. Éste es el plan: Todas 2) _____ temprano, a las siete de la mañana. Yo necesito unos veinte minutos para 3) _____. Luego, 4) _____ un rato mientras espero a la peluquera (*hairdresser*). Después, 5) _____; el vestido es tan bonito... ¡Qué nervios! Luego 6) _____ yo sola porque no me gusta que nadie me toque la cara. Seguramente Juan también va a 7) _____ muy nervioso, como yo. Pero seguro que los invitados no van a 8) _____ de lo nerviosos que estamos.

Lección 2

4 **¿Una pelea?** Faltan pocos días para la boda de Valentina y Juan. Los dos están nerviosos y empiezan a discutir. Completa su conversación con el presente de los verbos de la lista.

aburrirse	arrepentirse	despedirse	olvidarse	preocuparse	sorprenderse
acordarse	atreverse	irse	parecerse	quejarse	verse

VALENTINA ¿No 1) _____ de estar mirando televisión todo el día? ¿Qué tal si salimos a elegir los muebles para la sala? ¡Recuerda que mis padres nos quieren regalar muebles nuevos!

JUAN No tengo ganas. Ahora que tengo unos días libres, quiero relajarme un poco. Tú 2) _____ demasiado por todo. Ya habrá tiempo para los muebles después de nuestra luna de miel (*honeymoon*).

VALENTINA ¿Pero no 3) _____ del sofá que vimos la semana pasada? Creo que es perfecto y además no es caro. Y así nosotros 4) _____ un poco de los preparativos para la boda y los nervios y...

JUAN Estoy bien aquí.

VALENTINA Sabes, 5) _____ a tu padre cuando está mirando partidos de fútbol en televisión. No hay quien te mueva. ¡Eres imposible!

JUAN ¡Así que ahora 6) _____ de que soy como mi padre porque por una vez quiero estar tranquilo!

VALENTINA ¡Ah, y encima 7) _____ a sugerir que soy yo quien está creando un problema!

JUAN Mira, Valentina. No 8) _____ de querer pasar una tarde sin hacer nada en particular. Me parece que mejor 9) _____ a mi casa para no seguir discutiendo, y a las siete (nosotros) 10) _____ en casa de mi hermano para cenar, ¿de acuerdo?

VALENTINA ¡Ah, pensé que ibas a preferir mirar televisión en lugar de cenar con tu hermano!

5 **Corre la voz** Valentina, muy disgustada, te cuenta lo que pasó con Juan. Y tú se lo cuentas a un(a) amigo/a. Escribe un correo electrónico explicándole todo a tu amigo/a. Cuenta la historia en el presente.

Acabo de hablar con Valentina. La pobre está muy enojada con Juan. Le pregunta a Juan si se aburre viendo la tele y él le dice _____

_____

_____

_____

_____

1 **Antes de leer** ¿Qué tipo de música te gusta escuchar?

_____

_____

La música latina

En los últimos años, la música latina se ha convertido en un verdadero fenómeno de masas. Son muchos los artistas hispanos que han conseguido un extraordinario éxito en el mercado internacional: Shakira, Alejandra Guzmán, Enrique Iglesias, Ricky Martin y el grupo La Ley, entre otros.

¿Por qué la música latina le gusta tanto al público estadounidense? Lo que está claro es que lo latino está de moda. ¿Quieres saber algo más sobre algunos de estos artistas?

El célebre guitarrista mexicano Carlos Santana triunfó en el festival de Woodstock de 1969 con su estilo original, una fusión de rock y ritmos afrocubanos. Ha obtenido numerosos premios y, en 1998, recibió su estrella en el Camino de la Fama en Hollywood. Su álbum *Supernatural* recibió ocho premios Grammy en el año 2000.

La joven colombiana Shakira saltó a la fama mundial con el disco *Pies descalzos*. A los 14 años grabó su primer álbum. En 1998 recibió el premio a la mejor artista latina. Su inconfundible voz, su estilo fresco y su vitalidad la han convertido en una estrella internacional.

El grupo mexicano Maná está considerado como la mejor banda de rock latino. Su álbum *Falta Amor* recibió diez discos de oro, cinco de platino, dos de doble platino y uno de triple platino en 1990. Preocupado por los problemas del planeta, este grupo fundó la organización ecológica Selva Negra.

2 **Después de leer**

A ¿Cierto o falso? Indica si las siguientes oraciones son **ciertas** o **falsas** y corrige las falsas.

Cierto	Falso	
❑	❑	1. La música latina tiene éxito en los EE.UU. porque lo latino está de moda.
❑	❑	2. Carlos Santana es de Colombia.
❑	❑	3. El álbum *Supernatural* de Santana consiguió diez premios Grammy.
❑	❑	4. Shakira recibió el premio a la mejor artista latina en 1998.
❑	❑	5. Maná recibió numerosos premios con su disco *Selva Negra*.

B Responder Contesta estas preguntas con oraciones completas.

1. ¿Dónde triunfó Santana por primera vez en los EE.UU.?

_____

2. ¿Qué características han convertido a Shakira en una artista internacional?

_____

3. ¿Qué le preocupa al grupo Maná, además de su carrera musical?

_____

Lección 2

COMPOSICIÓN

El próximo fin de semana se va a celebrar en tu comunidad el *Festival Cultural Mexicano*. Imagina que tú tienes que escribir un artículo en el periódico para anunciar el festival.

PREPARACIÓN

Escribe una lista de seis artistas latinos —actores, directores de cine, cantantes, etc.— que van a estar presentes en el festival. Luego, piensa en los eventos y actividades culturales en los que cada uno de ellos va a participar y/o presentar. Puedes buscar información en la lectura *La música latina* y en las lecturas de tu libro de texto (ver sección Enfoques).

Los artistas	Los eventos y las actividades

COMPOSICIÓN

Escribe un artículo anunciando el *Festival Cultural Mexicano*.

- Describe el evento nombrando las celebridades (*celebrities*) que asistirán, y concéntrate (*focus*) en uno o dos artistas como en la lectura *La música latina*.

- Incluye una cita (*quote*) de los artistas elegidos o una minientrevista para que tu artículo sea más interesante. ¡Sé creativo/a!

- Termina tu artículo dando información sobre la hora y el lugar, y dónde se consiguen las entradas. También incluye un número de teléfono y un sitio de Internet.

_____

_____

_____

_____

_____

_____

_____

_____

_____

_____

_____

_____

Lección 2

Lección 3
La vida diaria

1 **Costumbres del mundo hispano** Elige la opción apropiada para completar cada oración.

1. Muchos dicen que llegar tarde es una costumbre del mundo hispano. A los millones de hispanos que llegan _____ a eventos y reuniones les molesta este estereotipo.

   a. a tiempo   b. a veces   c. a menudo

2. En Argentina, es costumbre cambiarse antes de salir con amigos, o ir a la iglesia, un restaurante o cualquier evento social. Las mujeres son muy coquetas y _____ se las ve desarregladas.

   a. de repente   b. casi nunca   c. a propósito

3. En España, es muy común que los amigos se visiten sin avisar (*without notice*). Al llegar a la casa, la persona solamente debe _____ _____.

   a. quitar la puerta   b. tocar la bocina   c. tocar el timbre

4. En el Perú, la mayoría de las compras se hacen con _____ o tarjeta de crédito. En muy pocos casos se hacen compras a través de Internet.

   a. débito   b. dinero en efectivo c. reembolso

5. En países como España, a veces es difícil _____ a la hora del almuerzo porque muchas tiendas y oficinas cierran tres o cuatro horas.

   a. tocar el timbre   b. hablar por teléfono c. hacer mandados

6. En Nicaragua, los vendedores ambulantes _____ por las calles anunciando la venta de pan, leche y frutas.

   a. lavan   b. pasan   c. calientan

2 **Palabras relacionadas** Empareja las palabras de la primera columna con las palabras relacionadas de la segunda columna. Luego escribe cuatro oraciones usando al menos seis palabras de la lista.

_____ 1. quitar el polvo   a. tarjeta de crédito
_____ 2. ir de compras   b. centro comercial
_____ 3. probarse   c. barato
_____ 4. ganga   d. probador
_____ 5. devolver   e. muebles
_____ 6. dinero en efectivo   f. reembolso

1. _____

2. _____

3. _____

4. _____

3 **Tu vida diaria** Contesta las preguntas con oraciones completas.

1. ¿Vas de compras al centro comercial? ¿O prefieres ir a tiendas locales más pequeñas? ¿Por qué?

_____

2. ¿Quién hace los quehaceres en tu casa? ¿Tú ayudas? ¿Con qué frecuencia?

_____

3. Menciona tres cosas que haces por la mañana y tres cosas que haces por la tarde.

_____

Lección 3

4 **De compras**

A. Diana salió de compras con su hija mayor. Ordena las oraciones de una manera lógica.

_____ a. Diana decidió comprarle el vestido más bonito, que era también el más caro.

_____ b. Al salir del trabajo, recogió a su hija en la escuela y se fue con ella al centro comercial.

_____ c. Hoy Diana se levantó muy temprano.

_____ d. Cuando llegaron al centro comercial, Diana y su hija se fueron directo a la sección de vestidos.

_____ e. Finalmente, Diana y su hija se fueron del centro comercial contentas de haber encontrado el vestido perfecto para la fiesta.

_____ f. Llegó al trabajo una hora y media antes de lo habitual.

_____ g. Su hija se probó allí varios vestidos para la fiesta de fin de año de la escuela.

_____ h. Diana pagó con tarjeta de crédito en tres cuotas.

B. Imagina que eres la hija de Diana. Escribe en tu diario cómo es habitualmente la experiencia de ir de compras con tu mamá.

a menudo	casi nunca	en el acto
a veces	de vez en cuando	por casualidad

Cuando voy de compras con mi mamá, casi nunca... _____

_____

_____

_____

_____

_____

5 **¿Qué prefieres?** Enumera las actividades por orden de preferencia. Después, escribe lo que vas a hacer este fin de semana usando por lo menos cinco palabras o frases de la lista.

_____ ir de compras al centro comercial	_____ hacer mandados
_____ mirar televisión	_____ arreglarse para salir
_____ barrer	_____ jugar videojuegos
_____ cocinar	_____ quitar el polvo

_____

_____

_____

_____

_____

_____

_____

_____

Lección 3

ESTRUCTURA

3.1 The preterite

1 **¿Qué hicieron el fin de semana?** Juan, Marcos y Lucía son compañeros de trabajo. Los lunes por la mañana, se cuentan lo que hicieron el fin de semana. Escribe lo que dijo cada uno.

Juan...

1. traducir / artículo _____

2. leer / periódico _____

3. ir / supermercado _____

Marcos...

4. hacer / mandados _____

5. dormir / siesta _____

6. lavar / ropa _____

Lucía...

7. escuchar / radio _____

8. ir / centro comercial _____

9. hacer / quehaceres _____

2 **Una fiesta en *Facetas*** Mariela está organizando una fiesta, y Diana y Fabiola la están ayudando. Mariela llega a la oficina y les pregunta si han hecho los mandados. Completa sus preguntas usando la forma correcta del pretérito de los verbos entre paréntesis.

1. ¿ _____ (subir) ustedes las bebidas?

2. Diana, ¿y tú?, ¿ _____ (poner) la comida en el refrigerador?

3. Y tú, Fabiola, ¿ _____ (tener) tiempo para buscar los discos compactos?

4. Diana y Fabiola, ¿les _____ (dar) la dirección a los invitados?

5. Diana, ¿ _____ (hacer) las compras en el supermercado?

6. Ustedes, ¿ _____ (empezar) a limpiar la oficina?

3 **Ser o ir** Indica qué verbo se utiliza en cada oración.

	ser	ir
1. Ayer hizo mucho calor. <u>Fui</u> a la piscina para refrescarme y tomar sol.	❑	❑
2. La semana pasada me visitó Mario. Él <u>fue</u> mi primer novio.	❑	❑
3. El año pasado <u>fue</u> muy difícil para mí. Tuve que trabajar y estudiar al mismo tiempo.	❑	❑
4. Esta semana <u>fui</u> dos veces a visitar a mis abuelos en Sevilla, en el sur de España.	❑	❑
5. El cumpleaños de Hernán <u>fue</u> muy aburrido. Para empezar, había pocos invitados, y, justo cuando queríamos bailar, ¡el reproductor de MP3 se rompió!	❑	❑

Lección 3

Lección 3 Estructura Activities   **23**

4 **¿Qué pasó?** Diana no pudo ir a la fiesta de Mariela. Completa la conversación telefónica con la forma correcta del pretérito de los verbos de la lista.

decir	llamar	perder	preguntar	tener
hacer	olvidar	poder	ser	venir

MARIELA Ayer tú no 1) _____ a la fiesta. Todos los invitados
2) _____ por ti.

DIANA Uy, lo siento, pero mi día 3) _____ terrible. Yo
4) _____ mi cartera con el documento de identidad y las tarjetas de crédito. Y Javier y yo 5) _____ que ir a la comisaría (*police department*).

MARIELA ¿De verdad? Lo siento. ¿Por qué ustedes no me 6) _____ por teléfono?

DIANA Nosotros no 7) _____ llamar a nadie. Yo 8) _____ mi teléfono celular en la casa.

MARIELA ¿Y qué te 9) _____ la policía?

DIANA Nada. Ellos me 10) _____ esperar horas allí y al final me dijeron que tenía que volver al día siguiente...

5 **Cuéntalo** Imagina que eres Mariela. Escríbele una carta a una amiga contándole por qué Diana no pudo ir a tu fiesta. Usa el pretérito.

La fiesta fue muy divertida, pero Diana no pudo venir...

_____

_____

_____

_____

_____

_____

_____

6 **Historias** Piensa en alguna historia similar a la de Diana y describe qué pasó, a quién le pasó, cuándo ocurrió, etc. Utiliza el pretérito. Escribe por lo menos cinco oraciones.

_____

_____

_____

_____

_____

Lección 3

3.2 The imperfect

1 **Tomás de vacaciones** Tomás llegó hace poco a Madrid de vacaciones y fue a un centro comercial. Luego llamó a su familia por teléfono para contarle todo lo que vio. Completa las oraciones con la forma correcta del imperfecto de los verbos entre paréntesis.

Fui al Corte Inglés, un centro comercial que 1) _____ (quedar) un poco lejos de mi hotel. 2) _____ (haber) mucho tráfico y yo no 3) _____ (querer) tomar un taxi. Fui a la parada, pero el autobús no 4) _____ (venir), así que fui dando un paseo por La Castellana. Al llegar, vi a muchas personas que 5) _____ (estar) comprando ropa. 6) _____ (haber) muchísimos negocios. Todo el mundo me 7) _____ (saludar) muy amablemente. 8) Yo no _____ (pensar) comprar nada, pero al final compré unos cuantos regalos. 9) _____ (haber) restaurantes de todo tipo. Los camareros (*waiters*) 10) _____ (ser) muy amables. Al final, fui a comer a un restaurante de tapas buenísimo.

2 **Diferencias culturales** Dos semanas después de su llegada a España, Tomás llamó nuevamente a su familia. Completa las oraciones según el modelo.

> **modelo**
> Yo pensaba que *en España hacía siempre calor,* pero hay días en que hace frío.

1. Yo creía que _____, pero muchos españoles hablan inglés.
2. Yo pensaba que _____, pero todavía hay oficinas y tiendas que cierran tres horas para el almuerzo y la siesta.
3. Antes creía que _____, pero, en verdad, en algunas regiones también se hablan otros idiomas.
4. Antes pensaba que _____, pero ahora adoro la comida española.
5. Creía que _____, pero es más grande que mi ciudad.

3 **Recuerdos** Margarita habla de su vida. Completa las oraciones con la forma correcta del imperfecto de los verbos entre paréntesis.

Cuando era niña 1) _____ (vivir) con mis padres y mis hermanos. Yo soy la mayor. Mi madre empezó a trabajar cuando yo 2) _____ (tener) doce años, así que yo 3) _____ (cuidar) a mis hermanos menores. Todas las mañanas, los 4) _____ (despertar) y les 5) _____ (hacer) el desayuno. Después, mis hermanos y yo 6) _____ (ir) a la escuela. Cuando nosotros 7) _____ (volver) de la escuela, yo 8) _____ (hacer) la tarea. Yo 9) _____ (saber) que no 10) _____ (poder) ir a la escuela que yo 11) _____ (querer) porque estaba muy lejos, y el autobús no pasaba por mi casa. Así que fui a la que 12) _____ (estar) cerca de casa y allí conocí a quienes hoy son mis mejores amigos.

4   **De niños** Muchas personas terminan eligiendo profesiones que están relacionadas con talentos y preferencias que tenían cuando eran niños. Usa los verbos entre paréntesis para completar las oraciones contando lo que hacían estas personas cuando eran pequeñas. Sigue el modelo.

> **modelo**
>
> Héctor es arquitecto. De niño (construir) *construía casas de barro (*mud*)*
> *en el patio de su casa.*

1. Marcela es maestra. De niña (enseñar) _____.

2. Gustavo es filósofo. De niño (preguntar) _____.

3. Daniel es contador (*accountant*). De niño le (gustar) _____.

4. Miguel es músico. De niño (cantar) _____.

5. Yo soy bailarina. De niña (bailar) _____.

6. Isabel y Teresa son escritoras. De niñas (leer) _____.

7. Pablo y yo somos policías. De niños (jugar) _____.

5   **Tu infancia** Contesta estas preguntas sobre tu infancia con oraciones completas.

1. ¿Con quién vivías cuando eras niño/a?

_____

2. ¿Cuántos/as amigos/as tenías?

_____

3. ¿Qué juegos preferías?

_____

4. ¿Qué libros te gustaba leer?

_____

5. ¿Qué programas veías en la televisión?

_____

6. ¿Cómo era tu personalidad?

_____

6   **Otras generaciones** Busca a una persona mayor que tú —puede ser tu madre, tu padre, tu abuelo/a o algún profesor— y hazle una entrevista sobre su infancia. Puedes usar como guía la actividad anterior. Escribe al menos cinco preguntas y las respuestas de la persona que entrevistaste.

_____

_____

_____

_____

_____

_____

_____

3.3 The preterite vs. the imperfect

1 **Todo en orden** Don Miguel está enfermo. Después de pasar tres días en cama, decidió pasar por la oficina de *Facetas*. No sabía que lo esperaba una sorpresa. Completa el texto con la forma apropiada del verbo entre paréntesis.

Después de pasar tres días en cama, don Miguel 1) _____ (levantarse) para ir un rato a la oficina de *Facetas*. 2) _____ (querer) limpiar un poquito y prepararles el café a los muchachos, pero cuando 3) _____ (llegar), 4) _____ (encontrarse) con una sorpresa. Mariela 5) _____ (pasar) la aspiradora por las alfombras. Johnny le 6) _____ (quitar) el polvo a los escritorios con un plumero. Éric 7) _____ (limpiar) las computadoras. Diana 8) _____ (servir) el café. Fabiola 9) _____ (hacer) la limpieza del baño. Y Aguayo 10) _____ (ocuparse) de su oficina. Todos 11) _____ (sorprenderse) cuando 12) _____ (ver) a don Miguel. Rápidamente lo 13) _____ (enviar) de nuevo a la cama. En la oficina, todo 14) _____ (estar) en orden.

2 **Quehaceres cotidianos** El señor Gómez se jubiló el año pasado y su rutina cambió mucho. Cuando trabajaba en un banco, realizaba diariamente las mismas tareas y en el mismo orden. Completa el párrafo con las palabras de la lista.

antes	luego	primero
después de	mientras	siempre

El señor Gómez 1) _____ se levantaba a las seis de la mañana. Vivía cerca de la oficina, pero le gustaba llegar temprano. 2) _____ de salir de su casa, tomaba un desayuno bien completo: café con leche, tostadas, queso y fruta. Ya en la oficina, 3) _____ se reunía con su secretaria para repasar (*go over*) la agenda del día. 4) _____ repasar la agenda, se tomaba un café 5) _____ leía las noticias del día. 6) _____ el señor Gómez recibía a los clientes que querían hablar con él.

3 **La vida diaria de alguien famoso** Imagina la vida de una persona famosa. Luego completa estas oraciones con información sobre esta persona usando el pretérito o el imperfecto.

1. Anoche _____

2. Cuando era niño/a _____

3. Durante tres horas _____

4. Esta mañana _____

5. Siempre _____

6. La semana pasada _____

Lección 3

4 **Cambios** Imagina que tú vivías en el centro de la ciudad, pero el mes pasado te mudaste a una casa en las afueras de la ciudad. Completa las oraciones con la forma correcta del pretérito o el imperfecto de los verbos entre paréntesis.

1. (conocer)

   Antes yo no _____ a casi ninguno de mis vecinos (*neighbors*).

   Ayer _____ a todos los vecinos de mi cuadra en una fiesta que organizó una vecina.

2. (querer)

   Antes, si mis amigos y yo _____ salir tarde por la noche, lo hacíamos sin preocuparnos

   por la seguridad.

   El otro día, mis amigos no _____ venir a verme porque tenían miedo de volver de noche

   a su casa.

3. (poder)

   Hace un mes, no _____ dormir porque mi calle era ruidosa.

   Ayer, finalmente _____ dormir como un bebé.

4. (saber)

   Hace un mes, no _____ que mi vida iba a ser tan diferente.

   Hace poco yo _____ que una amiga también se había ido de la ciudad.

5 **¿Eres el/la mismo/a?** Escribe dos párrafos. En el primer párrafo describe cómo **eras** y lo que **hacías** cuando eras niño/a. En el segundo, describe los sucesos (*events*) más importantes que te ocurrieron el año pasado. Usa al menos seis verbos de la lista en pretérito o en imperfecto, según corresponda.

acostumbrarse	decidir	pasarlo bien	soler
averiguar	disfrutar	probar	tener
comprar	estar	relajarse	tomar
dar un paseo	leer	ser	vivir

Cuando era niño/a _____

_____

_____

_____

_____

_____

El año pasado _____

_____

_____

_____

_____

Lección 3

LECTURA

1   **Antes de leer**   ¿Qué costumbres relacionadas con la comida son características de tu cultura?

_____

_____

Los horarios de las comidas

Los horarios del almuerzo varían de país a país. ¿Crees que puedes almorzar en España a las 12 del mediodía? Seguramente será muy difícil comer en un restaurante a esa hora. Allí el almuerzo se sirve entre la 1 y las 3 de la tarde. En Argentina, Chile, Colombia y México, por otro lado, se almuerza generalmente entre las 12 y las 2 de la tarde.

Por lo general, se puede decir que en el mundo hispano las familias se siguen reuniendo para el almuerzo, pues éste es un buen momento para socializar. En muchos países, por ejemplo, los miembros de las familias suelen vivir cerca y se reúnen los fines de semana para almorzar.

- Aunque la costumbre de dormir una breve siesta después del almuerzo se va perdiendo debido a los cambios en los horarios de trabajo, todavía se mantiene con vigor en muchos países, especialmente en pueblos y ciudades pequeñas.

- Un hábito muy común en México consiste en desayunar un café. Aproximadamente a las 11 de la mañana se come una buena ración de tacos. A esta comida se la llama almuerzo. La comida principal es entre las 2 y las 4 de la tarde.

- El ubicuo pan se sustituye por otros alimentos en muchas regiones hispanas. En Venezuela y Colombia, por ejemplo, muchas veces se reemplaza por las arepas, mientras que en México se acompaña la comida con las tortillas.

2   **Después de leer**

A Completar Completa estas oraciones con la opción adecuada.

1. En España es difícil almorzar en un restaurante a las _____.
   a. tres de la tarde   b. doce del mediodía   c. dos de la tarde

2. En Argentina normalmente se come entre las _____.
   a. tres y las cinco   b. doce y las dos   c. once y las doce

3. El almuerzo en los países latinos es un buen momento para _____.
   a. dormir la siesta   b. socializar   c. trabajar

B Responder Responde estas preguntas con oraciones completas.

1. ¿Se reúne tu familia tan frecuentemente para comer como en los países latinos?

_____

2. ¿Hay costumbres de los países latinos que te gustaría incluir en tu rutina?

_____

3. ¿Qué costumbres del mundo hispano no funcionarían en tu país?

_____

Lección 3

COMPOSICIÓN

Imagina que estás en España y vas a pasar un semestre estudiando en Salamanca con un grupo de estudiantes de tu escuela. Llegaste hace una semana y vas a escribir una carta a tu clase describiendo tu rutina diaria y las actividades que hiciste durante esa primera semana en España.

PREPARACIÓN

Piensa en las diferencias de la vida diaria de un estudiante en España y de un estudiante en tu país. Luego, haz una lista de las costumbres de tu país y otra lista de las costumbres y formas de vida españolas. Piensa en los horarios de las comidas, las visitas a amigos, las compras, los lugares que frecuentaste, etc.

Las costumbres de mi país	Las costumbres de España

COMPOSICIÓN

Escribe una carta a tu familia contando tu experiencia en España.

- Describe cómo es un día típico en España. Incluye horarios y diferencias culturales.
- Explica las diferencias culturales entre tu país y España.
- Termina la carta con una expresión de despedida, una pregunta a la persona a quien le escribes y un saludo.

_____

_____

_____

_____

_____

_____

_____

_____

_____

_____

_____

_____

_____

Lección 3

Lección 4
La salud y el bienestar

1 **Crucigrama** Completa el crucigrama.

Horizontales
1. sinónimo de ponerse bien
3. lo contrario de adelgazar
7. quedarse despierto hasta muy tarde en la noche

Verticales
2. persona que opera en un hospital
4. muy cansada
5. se pone en un hueso roto
6. pastilla para el dolor fuerte

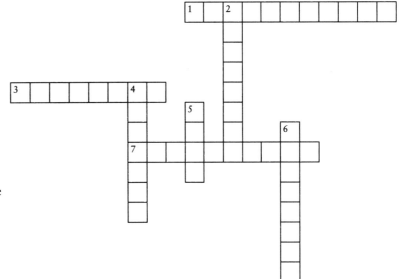

2 **En el hospital** Escribe oraciones lógicas usando en cada una dos palabras de la lista que estén relacionadas. Sigue el modelo. Puedes repetir palabras.

cirujano	jarabe	sala de operaciones
consultorio	operación	tos
herida	receta	venda
inyección	resfriado	virus

1. El **cirujano** trabaja en **la sala de operaciones.** _____

2. _____

3. _____

4. _____

5. _____

6. _____

3 **¿Quién lo dice?** Lee los comentarios y luego indica quién dijo cada uno.

_____ 1. ¿Cuándo me va a quitar el yeso, doctora?   a. un niño que acaba de tomar un jarabe

_____ 2. Con este jarabe para la tos, me voy a poner bien.   b. un paciente con gripe

_____ 3. ¡Este dolor no se me va ni con aspirinas!   c. una niña que tose mucho

_____ 4. Me hice daño en el brazo.   d. un paciente con una pierna rota

_____ 5. ¡Puajj! ¡Qué sabor feo que tiene!   e. una mujer con un brazo herido

_____ 6. ¿Me va a poner una inyección?   f. un chico con dolor de cabeza

4 **La intrusa** Elige la expresión o la palabra que no pertenece al grupo.

1. curarse	ponerse bien	recuperarse	empeorar
2. inflamado	mareado	resfriado	sano
3. la gripe	la vacuna	el virus	la depresión
4. la autoestima	el bienestar	la salud	la cirugía
5. el resfriado	el tratamiento	la gripe	la tos
6. el yeso	la aspirina	el jarabe	el calmante

5 **Clasificar** Clasifica las palabras de la lista en la categoría apropiada. Luego escribe oraciones lógicas usando en cada una por lo menos dos palabras de la lista.

desmayarse	el resfriado	permanecer en cama
el calmante	estar a dieta	toser
el cáncer	la aspirina	tener fiebre
el jarabe	la gripe	tomar pastillas

Medicamentos	Tratamientos	Enfermedades	Síntomas

1. _____

2. _____

3. _____

4. _____

ESTRUCTURA

4.1 The subjunctive in noun clauses

1 **Enfermo del corazón** Gustavo se siente muy enfermo y, por eso, decide hacer una consulta a su doctor. Completa su conversación con la forma adecuada del subjuntivo.

MÉDICO Buenas tardes. ¿Cómo está usted?

GUSTAVO Buenas tardes, doctor. Es urgente que me 1) _____ (ayudar). Es posible que 2) _____ (estar) muy enfermo.

MÉDICO No creo que 3) _____ (ser) tan grave. ¿Qué le sucede?

GUSTAVO No puedo dormir. No puedo comer. No puedo estudiar. No puedo trabajar.

MÉDICO Es necesario que me 4) _____ (dar) más información. ¿Tiene fiebre, dolores físicos, tos? ¿Está resfriado? ¿Se ha desmayado?

GUSTAVO No, nada de eso, pero no quiero que mis amigos me 5) _____ (invitar) a salir; no me gusta que mi jefe me 6) _____ (dar) trabajo; me molesta que mis profesores me 7) _____ (pedir) tareas. Sólo quiero que Pilar 8) _____ (venir) a verme, que me 9) _____ (hablar), que me 10) _____ (mirar), que me...

MÉDICO ¡Interesante! ¿Y Pilar le habla, lo mira y quiere pasar tiempo con usted?

GUSTAVO No, ése es el problema.

MÉDICO Bueno, entonces le sugiero que 11) _____ (quedarse) tranquilo. Y le aconsejo que le 12) _____ (decir) a Pilar lo que usted siente. También le recomiendo que pida una cita con un psicólogo de la clínica.

2 **Consejos** ¿Qué consejos puedes darle tú a Gustavo? Vuelve a leer la actividad anterior y luego completa estas oraciones usando el presente de subjuntivo.

1. Dudo que Gustavo _____

2. No creo que el doctor _____

3. Es evidente que Gustavo _____

4. Ojalá que Pilar _____

5. Temo que Pilar _____

6. Es posible que Gustavo _____

Lección 4

3 **¿Qué recomienda el doctor?** Completa las recomendaciones que el doctor Perales les da a sus pacientes con las palabras entre paréntesis. Usa la forma adecuada del verbo.

¿Qué le dijo el doctor...	Recomendaciones
1. al paciente que tiene un yeso en la pierna?	Insisto en que no (apoyar / la pierna) _____ durante 48 horas. No quiero que (romperse / el yeso) _____.
2. al paciente que tiene tos?	Debe dejar de fumar si desea que (mejorar / la salud) _____.
3. a la mujer que tiene el brazo lastimado?	Le recomiendo que (cambiar / la venda) _____ tres veces al día. Espero que no (inflamarse / la herida) _____.
4. a la niña que tiene tos?	Te sugiero que (tomar / este jarabe) _____ si quieres que (curarse / la tos) _____.
5. al paciente que está resfriado?	Es importante que (quedarse / en casa) _____. Tengo miedo que (contagiar / a otras personas) _____.
6. a la madre del niño con gripe?	Es necesario que (vacunar / a su hijo) _____.

4 **La paciente impaciente** La recepcionista de un consultorio médico tiene problemas con una paciente impaciente. Completa la conversación con el presente del indicativo o el presente del subjuntivo de los verbos entre paréntesis.

PACIENTE Buenos días, 1) _____ (desear) que el doctor González me 2) _____ (examinar).

RECEPCIONISTA Buenos días, señora. Lo siento, pero el doctor González no 3) _____ (atender) hoy. ¿La 4) _____ (poder) atender otro doctor?

PACIENTE 5) _____ (querer) que me 6) _____ (atender) el doctor González. No veré a otro doctor.

RECEPCIONISTA Y yo le 7) _____ (recomendar) que 8) _____ (ver) a otro doctor porque el doctor González no 9) _____ (venir) hoy.

PACIENTE 10) _____ (exigir) que le 11) _____ (decir) al doctor González que necesito verlo.

RECEPCIONISTA ¡El doctor González no 12) _____ (venir) hoy!

PACIENTE ¡Dudo que el doctor González no 13) _____ (venir) hoy! Creo que este consultorio 14) _____ (ser) bueno. ¡Pero no estoy segura que los empleados 15) _____ (ser) competentes! ¡Quiero que 16) _____ (llamar) a su supervisor inmediatamente!

4.2 Commands

1 **El doctor Arriola** El doctor Arriola les dice a sus pacientes lo que tienen que hacer. Escribe mandatos formales (**usted**) usando las notas del doctor.

José tiene gripe.

1. tomarse / temperatura _____

2. acostarse _____

3. prepararse / sopa de pollo _____

4. beber / té con miel _____

Ignacio tiene la garganta inflamada.

5. descansar _____

6. no hablar / mucho _____

7. tomar / las pastillas _____

8. consumir / líquidos en abundancia _____

2 **El asistente del doctor Arriola** El asistente del doctor Arriola es muy joven y todavía está aprendiendo a tratar a los pacientes. Completa los consejos que el doctor Arriola le da a su asistente usando mandatos formales.

1. A los fumadores puedes decirles: "_____No fumen_____". (no fumar)

2. A los pacientes con dolor de cabeza puedes decirles: "_____".
   (tomar / aspirinas)

3. A los pacientes con problemas de peso puedes decirles: "_____".
   (ir / al gimnasio)

4. A los deprimidos puedes decirles: "_____". (hacer / actividades
   para levantar el ánimo)

5. A los que tienen demasiado estrés puedes decirles: "_____". (descansar)

6. A los niños impacientes puedes decirles: "_____".
   (jugar / con estos juguetes)

3 **Remedios caseros** Hay personas que creen que las enfermedades pueden curarse sin ir al médico. Lee estos textos sobre creencias populares y escribe una lista de consejos usando mandatos informales con los verbos subrayados.

A. "Los resfriados pueden curarse **respirando** el vapor de agua con sal. Los resfríos también pueden curarse **tomando** té con limón y miel. Cuando estamos resfriados, debemos **abrigarnos** bien."

1. Respira el vapor de agua con sal. _____

2. _____

3. _____

B. "Cuando hay una herida, primero se **lava** con agua y jabón. Debe **ponerse** una venda para tapar bien la herida. **No** hay que **tocarse** la herida porque se puede infectar."

4. _____

5. _____

6. _____

C. "La falta de sueño se debe a una preocupación. Por eso hay que **olvidarse** de las angustias. Una taza de leche caliente es un buen remedio. **Eliminar** el café por completo es una buena idea."

7. _____

8. _____

4 **Consejos sanos** Tus compañeros de apartamento y tú quieren mejorar su salud y mantenerse sanos. Escribe diez consejos o recomendaciones usando mandatos con **nosotros**. Puedes escribir consejos sobre temas como la comida, el cuidado de los dientes, la actividad física, las heridas, etc.

1. Salgamos a caminar después de cenar. _____

2. _____

3. _____

4. _____

5. _____

6. _____

7. _____

8. _____

9. _____

10. _____

4.3 *Por* and *para*

1 **En el consultorio** Completa la conversación con **por** o **para**.

PACIENTE   Doctor, tengo un malestar general: tengo mucha tos, tengo fiebre y 1) _____ colmo me siento agotado.

DOCTOR   2) _____ lo visto, tiene usted gripe. 3) ¿_____ cuánto tiempo ha tenido (*have you had*) estos síntomas?

PACIENTE   4) _____ lo menos 5) _____ una semana.

DOCTOR   Aquí tiene una receta. Éstas son unas pastillas 6) _____ la fiebre. Este jarabe es 7) _____ la tos. Tómelo 8) _____ la mañana y

9) _____ la noche.

PACIENTE   Gracias, doctor. Voy inmediatamente a la farmacia 10) _____ mis medicinas.

2 **Síntomas y tratamientos** Escribe oraciones lógicas usando elementos de las tres columnas.

el calmante		adelgazar
el jarabe	por	dolor
estar a dieta	para	la salud
estar mareado		la tensión baja
tratamiento		la tos

1. _____

2. _____

3. _____

4. _____

3 **Por qué y para qué** Completa las frases para formar oraciones lógicas.

1. Hice una llamada al consultorio por _____.

2. Hice una llamada al consultorio para _____.

3. Compré estas pastillas por _____.

4. Compré estas pastillas para _____.

5. Toma (tú) este jarabe por _____.

6. Toma (tú) este jarabe para _____.

4 **Por y para** Elige el significado correcto de cada oración.

1. Camino por el hospital. _____
   a. Camino por los pasillos del hospital. b. Camino en dirección al hospital.

2. Compré las medicinas por mi madre. _____
   a. Mi madre va a tomar las medicinas. b. Compré las medicinas porque mi madre no pudo comprarlas.

3. Para mí, lo que tienes es un resfriado. _____
   a. En mi opinión, tienes un resfriado. b. Al igual que yo, tienes un resfriado.

4. El doctor fue por unas pastillas para el paciente. _____
   a. El doctor fue a buscar unas pastillas para el paciente. b. El doctor le recetó unas pastillas al paciente.

5 **Julieta recibe una carta de sus padres** Una semana después de haber llegado a Madrid, Julieta recibió una carta de sus padres. Ellos creen que ella es demasiado joven para estar sola tan lejos de su casa. Completa la carta con las expresiones de la lista que necesites.

por	por aquí	por mucho
para colmo	por casualidad	por primera vez
para que sepas	por eso	por si acaso
por allí	por más que	por supuesto

Querida Julieta:

1) _____ está todo bien y esperamos que 2) _____ también lo esté. 3) _____ lo pensemos y lo conversemos, tu padre y yo seguimos descontentos con tu viaje. 4) _____ en nuestras vidas estamos muy preocupados porque creemos que eres muy joven para estar sola tan lejos, y especialmente con tus problemas de salud. 5) _____, ahora aparece ese muchachito en Madrid. ¿Acaso ese joven no vive en Barcelona? ¿Qué hace ahora en Madrid? 6) _____ que confiamos en ti. Pero, 7) _____, queremos que estés atenta. 8) _____, tu prima Merceditas salía con un chico muy bueno y muy simpático, pero que resultó ser un ladrón muy buscado por la policía. Ella cayó en una depresión. 9) _____, Julietita querida, te pedimos que tengas mucho cuidado. ¡No seas tan confiada! Un beso de papá y mamá que te quieren mucho y se preocupan 10) _____ tu bienestar.

LECTURA

1   **Antes de leer**   ¿Te gusta el chocolate? ¿Qué tipo de chocolate prefieres? ¿Conoces su origen?

_____

_____

_____

La historia del chocolate

¿Sabías que el cacao y el chocolate eran desconocidos en Europa hasta la llegada de los españoles a
América?

    Hoy, el chocolate es una de las delicias más apreciadas por adultos y niños de todo el mundo.
El árbol del cacao, originario de las zonas tropicales de Hispanoamérica, se cultiva en México,
Venezuela, Ecuador y Colombia.

    Existen varias leyendas indígenas sobre el origen divino de este popular alimento. La más famosa
cuenta que Quetzalcóatl, dios azteca del viento, le regaló semillas° del árbol del cacao a los hombres y,
de esa forma, este arbusto° creció sobre la tierra. Debido a su origen divino, existía entre los aztecas la
creencia de que su consumo daba poder y sabiduría°.

    La historia del chocolate es muy curiosa. Durante su cuarto viaje, Cristóbal Colón se encontró en
la costa de Yucatán con una embarcación° indígena que transportaba unas semillas que eran utilizadas
como monedas. Estas semillas también eran el ingrediente principal de una misteriosa bebida sagrada,
el "tchocolath". Años después, el conquistador Hernán Cortés fue el primero en probar la "bebida
de los dioses" en la corte° azteca del emperador Moctezuma. La preparaban mezclando el cacao con
maíz, vainilla, miel y canela°.

    De vuelta a España, Cortés elogió las cualidades de la nueva bebida. Sin embargo, ésta no fue bien
recibida por su sabor amargo°. Los primeros granos de cacao llegaron al Monasterio de Zaragoza en
1522, junto con la receta para preparar el chocolate. Sólo cuando se le añadió azúcar de caña empezó su
rápida propagación dentro del continente europeo.

semillas *seeds* **arbusto** *bush* **sabiduría** *wisdom* **embarcación** *vessel* **corte** *court* **canela** *cinnamon* **amargo** *bitter*

2   **Después de leer**   Responde estas preguntas con oraciones completas.

    1. ¿Dónde se cultiva el árbol del cacao en Hispanoamérica?

    _____

    2. ¿Qué cuenta la leyenda indígena de Quetzalcóatl?

    _____

    3. ¿Para qué se utilizaron las semillas de cacao originalmente?

    _____

    4. ¿Qué ingredientes tenía la "bebida de los dioses"?

    _____

    5. En 1522, llegaron los primeros granos de cacao a España. ¿Adónde llegaron concretamente?

    _____

    6. ¿Por qué no fue bien recibida la bebida de cacao al principio?

    _____

COMPOSICIÓN

Como viste en el cuarto episodio de la **Fotonovela,** Johnny se quiere poner en forma y ha decidido no comer más dulces. Imagina que un(a) amigo/a tuyo está en la misma situación. Ayuda a tu amigo/a a crear una dieta para mejorar su alimentación y dale consejos para tener una vida más sana.

PREPARACIÓN

Escribe una lista de los alimentos que debe y que no debe comer y de las actividades que van a ayudarle a mejorar su salud.

Cosas que debe comer	Cosas que no debe comer	Cosas que debe hacer

COMPOSICIÓN

Escribe una dieta detallada para un día completo.

- Describe las comidas de un día, incluyendo desayuno, almuerzo y cena.

- Escribe también las actividades que tu amigo/a puede hacer para estar en forma e inclúyelas en su horario.

- Escribe otros consejos generales que debe seguir para llevar una vida más sana.

_____

_____

_____

_____

_____

_____

_____

_____

_____

_____

CONTEXTOS

1 **El aeropuerto internacional** Lee las descripciones de situaciones que ocurren en un aeropuerto internacional e indica con el número apropiado qué comentario corresponde a cada una.

1. Un hombre con una maleta está tratando de comprar un pasaje, pero el empleado de la aerolínea le está explicando que ya no quedan más asientos disponibles.

2. Una pareja con maletas está en la puerta de embarque. El hombre le habla a la empleada.

3. Un joven llega al aeropuerto con una hora de retraso y el empleado le da la mala noticia.

4. El empleado de una aerolínea habla con un viajero que tiene el pasaporte vencido.

5. Dos azafatas se reúnen con un piloto en la entrada de la zona de embarque.

6. Una empleada de la oficina de informes está hablando por un micrófono para avisar que el avión saldrá dos horas más tarde.

_____ a. "Tengo dos pasajes reservados para San José."

_____ b. "Para volar necesita tener el pasaporte vigente."

_____ c. "Lo siento señor, el vuelo está lleno."

_____ d. "El vuelo con destino a la Ciudad de Panamá está retrasado."

_____ e. "¡Atención señores! Los pasajeros del vuelo 508 con destino a La Paz ya pueden embarcar."

_____ f. "Me temo que ha perdido su vuelo."

2 **La intrusa** Indica la palabra o expresión que no pertenece al grupo.

1. el accidente   el congestionamiento   el tránsito   la despedida

2. el auxiliar de vuelo   el guía turístico   el piloto   el agente de aduanas

3. el itinerario   el crucero   el buceo   la isla

4. la llegada   la salida   el destino   el viajero

5. la excursión   la aventura   la temporada alta   el ecoturismo

6. el alojamiento   el seguro   el albergue   la habitación

7. las olas   navegar   la recepción   el puerto

8. la brújula   el campamento   la excursión   el aviso

Lección 5

3 **Mi primer viaje** Antes de hacer su primer viaje sola, Amanda, que tiene quince años, habla con su madre. Escribe las preguntas que le hace su madre, usando la forma correcta de los verbos entre paréntesis.

MADRE   1) ¿_____ la primera noche (quedarse)?

AMANDA   En un albergue.

MADRE   2) ¿_____ (estar lleno)?

AMANDA   No te preocupes, tengo una reserva.

MADRE   3) ¿_____ (viajar)?

AMANDA   No lo sé, mamá, pero no te preocupes. El guía turístico lo sabe.

MADRE   4) ¿_____ (visitar)?

AMANDA   Una selva tropical y unas ruinas.

MADRE   5) ¿_____ (regresar)?

AMANDA   Antes de que empiecen las clases.

MADRE   6) _____ (perder el vuelo), ¿verdad?

AMANDA   ¡Claro que no!

MADRE   7) ¿_____? (hacer las maletas)

AMANDA   Bueno, mamá... a ver si nos tranquilizamos, ¿sí? Todo va a salir bien, ya verás.

4 **¡Qué aventura!** Amanda está en Costa Rica. Imagina el lugar y escribe un mensaje de correo electrónico que esta adolescente le escribió a su madre contándole las aventuras de su viaje. Usa al menos diez palabras de la lista.

albergue	frontera	quedarse
bienvenida	guía turístico	recorrer
brújula	incluido	selva
cancelar	peligroso	temporada alta

De: _____

Para: _____

Asunto: _____

Querida mamá:

¿Cómo estás? Ay, yo estoy super contenta aquí en...

_____

_____

_____

_____

ESTRUCTURA

5.1 Comparatives and superlatives

1 **Comparaciones** Elige la opción que tenga el mismo significado que la oración original.

_____ 1. Tu pasaje costó 400 dólares y el mío sólo 250 dólares.

    a. Tu pasaje es tan caro como el mío.

    b. Tu pasaje es más caro que el mío.

_____ 2. ¡Tu vuelo llegó con cinco horas de retraso! El mío llegó a tiempo.

    a. Mi vuelo llegó retrasadísimo.

    b. Tu vuelo no fue tan puntual como el mío.

_____ 3. Me gusta esta aerolínea, pero la comida de Aerolíneas Argentinas es mucho más rica.

    a. El servicio de comida de Aerolíneas Argentinas es mejor que el servicio de comida de esta compañía aérea.

    b. El servicio de comida de esta aerolínea es tan bueno como el de Aerolíneas Argentinas.

_____ 4. En temporada alta los pasajeros pagan más por sus viajes.

    a. Viajar en temporada alta es tan caro como viajar en temporada baja.

    b. Viajar en temporada alta es más caro que viajar en temporada baja.

_____ 5. Esta auxiliar de vuelo (_flight attendant_) habla inglés y español. Aquélla sabe inglés, español e italiano.

    a. Esta auxiliar de vuelo habla tantos idiomas como aquella otra.

    b. Esta auxiliar de vuelo habla menos idiomas que aquella otra.

2 **Ecoturismo** Lee este anuncio publicitario y luego indica si las afirmaciones son **ciertas** o **falsas**.

Si te gusta la aventura, Costa Rica es tu mejor destino. Puedes disfrutar de las mejores vacaciones relajándote en las bellísimas playas de Isla Tortuga, donde también puedes practicar buceo y surf. Si necesitas más emociones, nuestra agencia de viajes te ofrece los mejores y más completos programas de ecoturismo. Tenemos los guías turísticos más cualificados, con los que recorrerás los famosísimos parques nacionales y volcanes. Puedes alojarte en hoteles, pero los albergues costarricenses son tan cómodos como los hoteles y son más económicos. ¡Viajero! No esperes más y elige nuestra agencia de viajes. Aquí te ofrecemos los mejores servicios por poco dinero. ¡Buen viaje!

Cierto	Falso	
❑	❑	1. Costa Rica es el mejor destino para los aventureros.
❑	❑	2. Esta agencia ofrece opciones también para los menos aventureros.
❑	❑	3. Esta agencia ofrece completísimos programas de ecoturismo.
❑	❑	4. Los albergues no son tan cómodos como los hoteles.
❑	❑	5. Los hoteles son tan caros como los albergues.
❑	❑	6. Esta agencia tiene buenos servicios a bajo precio.

Lección 5

3 **Otro mensaje de Amanda** ¿Te acuerdas de Amanda, la chica que viajó sola por primera vez? Ella acaba de llegar a otra ciudad. Lee el mensaje de correo electrónico que Amanda les escribe a sus padres y complétalo con **más/menos** o **tan/tanto/a(s)**.

De:	
Para:	
Asunto:	

Queridos padres:

Ya estoy en Cartago. Estoy alojada en el Hostal Internacional. Este albergue es 1) _____ elegante como el de San José, pero desgraciadamente yo estoy 2) _____ contenta aquí que allá. Aquí hay 3) _____ habitaciones como en el Hostal Central de San José, pero hay 4) _____ comodidades que allá. La habitación es 5) _____ grande como la de San José. Pero la cama es 6) _____ cómoda y el servicio de habitación es 7) _____ frecuente que en el Hostal Central. En San José, donde todo funciona bien; el ascensor es 8) _____ rápido y el salón es 9) _____ cómodo que aquí. El desayuno es 10) _____ rico como en San José, pero los meseros y los recepcionistas te ayudan y son 11) _____ amables allá. Mañana nos vamos. Ya les contaré cómo es el nuevo albergue.

Un beso grande,

Amanda

4 **Amanda al teléfono** Amanda está ahora en otra ciudad y se aloja en otro albergue. Imagina la conversación que Amanda tiene con sus padres por teléfono en la que les cuenta los detalles del viaje y del nuevo alojamiento. Escribe la conversación usando al menos ocho palabras de la lista.

más...que	mayor	carísimo	peligroso
menos...que	mejor	elegantísimo	perder
tan...como	peor	riquísimo	turista

AMANDA ¿Hola? Hola, sí... ¿Me escuchas mamá? ¡Soy Amanda!

MADRE Hola, hola, hija. Sí, te escucho bien. Espera un momento que llamo a tu padre.

AMANDA Bueno, no es necesario, mamá...

MADRE Un momento, hija, que pongo el teléfono en manos libres (speaker phone)

PADRE ¡Hola, Amanda! ¡Qué lindo escucharte! Cuéntanos...

AMANDA A ver... El otro día _____

_____

_____

_____

_____

_____

_____

5.2 The subjunctive in adjective clauses

1 **En la agencia de viajes** Éric y un amigo están planeando un viaje. Completa estas oraciones con la opción adecuada para saber qué tipo de viaje quieren.

1. Buscamos un viaje que _____ (tiene / tenga) aventuras.

2. Sabemos de unos destinos que _____ (son / sean) exóticos.

3. Preferimos un hotel que no _____ (es / sea) muy caro.

4. Nos recomendaron unos lugares que _____ (ofrecen / ofrezcan) ecoturismo.

5. ¿Nos conviene un paquete de vacaciones que _____ (incluye / incluya) seguro?

6. Mi amigo quiere visitar un lugar que _____ (es / sea) tranquilo y relajante.

7. Yo prefiero un lugar que _____ (tiene / tenga) muchas actividades que hacer.

8. Conozco un programa que _____ (ofrece / ofrezca) un poco de todo.

2 **Se busca** Completa este anuncio que apareció en un periódico de San Salvador. Usa la forma adecuada del subjuntivo o el indicativo de los verbos entre paréntesis, según corresponda.

> Se busca un guía turístico que 1) _____
> (hablar) inglés, que 2) _____ (conocer)
> bien el país y que 3) _____ (tener)
> experiencia en el campo del ecoturismo.
> Si tú 4) _____ (ser) una persona que
> 5) _____ (poseer) estas características
> y te 6) _____ (gustar) la aventura, ponte
> en contacto con nosotros.
>
> Ecotour
> Avenida Colón, 56
> San Salvador
> www.ecotour.com.sv

3 **Posible candidata** Éric leyó el anuncio de la agencia de viajes de la actividad anterior y pensó en su prima Natalia, que vive en San Salvador. Completa los comentarios que Éric hace sobre su prima con los verbos de la lista.

conoce	sea
interese	tenga
requiera	

Sé que mi prima está buscando un trabajo que no 1) _____ mucha experiencia pero que

2) _____ interesante y seguro. Creo que Natalia no 3) _____ muy bien

el mundo del ecoturismo, pero no hay nadie en nuestra familia que no 4) _____ ganas

de aprender. ¡Espero que le 5) _____!

4 **De viaje** Forma oraciones combinando estos elementos. Usa el indicativo o el subjuntivo según corresponda y haz los cambios necesarios.

1. Yo/buscar/viaje/ser/económico

   _____

2. Los turistas/necesitar/hoteles/no estar lleno

   _____

3. La guía/conocer/lugares en la selva/no ser peligrosos

   _____

4. Nosotros/querer/vuelo/tener/seguro

   _____

5. El hotel/no tener/ninguna habitación/ser doble

   _____

6. El aventurero/conocer/lugares/ser peligrosos

   _____

5 **Tu viaje ideal** Completa estas oraciones describiendo cómo sería tu viaje ideal. Usa el subjuntivo.

1. Busco una agencia de viajes que _____.

2. Necesito un boleto de avión que _____.

3. Prefiero que la comida del avión _____.

4. Es importante que alguien _____.

5. No quiero que nadie _____.

6. Voy a conseguir un alojamiento que _____.

6 **Hotel completo** Acabas de llegar a Managua, la capital de Nicaragua, y descubres que el hotel que habías reservado está lleno. El recepcionista ofrece buscarte otro hotel. Escribe una conversación en la que le explicas qué tipo de alojamiento buscas. Usa al menos seis palabras de la lista.

buscar	hotel	preferir
conocer	necesitar	recepción
habitación individual	peligroso	servicio de habitación

_____

_____

_____

_____

_____

_____

_____

5.3 Negative and positive expressions

1 **Los viajeros** Escribe la letra de la opción que tenga el mismo significado que la oración dada.

_____ 1. Ni me gustan los aviones ni los cruceros.
   a. No me gusta volar y tampoco me gustan los cruceros.
   b. No me gusta viajar en avión, pero me gustan los cruceros.

_____ 2. Fabiola ha estado en Panamá y Éric también.
   a. Ninguno de los dos ha visitado Panamá.
   b. Fabiola y Éric han visitado Panamá.

_____ 3. Generalmente en mis viajes, o alquilo un carro o una motocicleta.
   a. Ni alquilo un carro ni una motocicleta en mis viajes.
   b. Generalmente, alquilo algún medio de transporte en mis viajes.

_____ 4. Cuando visito un lugar nuevo siempre hago amigos.
   a. Nunca conozco a nadie cuando viajo.
   b. Conozco a mucha gente en mis viajes.

2 **Aventuras y desventuras** Completa estas oraciones con la opción correcta.

1. Los turistas no están buscando _____ (alguna/ninguna) aventura.

2. Los turistas no conocen bien la isla y el guía _____ (tampoco/también).

3. El guía turístico _____ (ni/no) encontró el campamento _____ (ni/no) las ruinas.

4. _____ (algunos/ningún) turistas quieren regresar a la ciudad.

3 **Viajes** Completa esta conversación entre Fabiola y Johnny con las palabras de la lista. Hay dos palabras que se repiten.

algo	jamás	ni siquiera
algún	nada	nunca
alguna	nadie	siempre
algunas	ni	tampoco

FABIOLA Johnny, ¿has viajado 1) _____ vez a Centroamérica?

JOHNNY No, 2) _____ , pero me gustaría ir 3) _____ día.
4) _____ que hay 5) _____ conferencia, yo estoy ocupado
con el trabajo o tengo 6) _____ que hacer.

FABIOLA ¿De veras? ¿No has estado 7) _____ en Panamá 8) _____ en
Costa Rica? Entonces, ¿9) _____ fuiste a la conferencia de Managua el año
pasado?

JOHNNY No, ya te dije que 10) _____ he viajado a Centroamérica. ¿Es que no me
escuchas?

FABIOLA ¡Pobre Johnny! ¡No te imaginas lo que te pierdes! 11) _____ sabemos el
destino de este año, ¡y ya hay 12) _____ personas interesadas en ir en la
oficina! ¿Puedes creerlo?

JOHNNY ¿En serio? No he oído 13) _____. Pues, si yo no voy este año, no va
14) _____.

Lección 5 Estructura Activities   **47**

4 **El Hostal Miralrío** Johnny se encuentra en una situación de emergencia y llama a un amigo para pedirle ayuda. Completa esta parte de la conversación telefónica con expresiones positivas y negativas.

El Hostal Miralrío no tiene 1) _____ habitación libre. Y eso es extraño porque normalmente 2) _____ tiene habitaciones disponibles. Nos vamos a tener que alojar en 3) _____ hotel esta noche, pero el problema es que no hay 4) _____ en esta zona. Yo no tengo mucho dinero, y mis amigos 5) _____, y me preguntaba si tú tenías 6) _____ espacio libre en tu casa para pasar la noche.

5 **Oraciones opuestas** Cambia estas oraciones afirmativas a negativas usando expresiones positivas y negativas.

1. El Hostal Miralrío siempre tiene habitaciones libres.

   _____

2. A mí también me gusta alojarme en albergues juveniles.

   _____

3. Hay algún hotel cerca de aquí.

   _____

4. Nosotros tenemos dinero y tarjetas de crédito.

   _____

5. Tengo algunos amigos en esta ciudad.

   _____

6. Estoy seguro de que alguien va a cancelar su reserva.

   _____

6 **¿Lo ayudará?** Escribe la segunda parte de la conversación telefónica entre Johnny y su amigo en la que éste le responde a Johnny. Usa al menos ocho expresiones positivas y negativas de la lista.

algo	jamás	ni...ni
algún	nada	nunca
alguna	nadie	siempre
algunas	ni siquiera	tampoco

_____

_____

_____

_____

_____

_____

_____

Lección 5

LECTURA

1 **Antes de leer** ¿Qué te gusta hacer en las vacaciones? ¿Te gustan las vacaciones en contacto con la naturaleza? _____

_____

_____

Ecoturismo en el Amazonas

El río Amazonas, que nace en el Perú, pasa por el Brasil y desemboca° en el Atlántico, tiene 6.275 kilómetros de longitud. Este río encuentra a su paso casi seiscientas islas. En este territorio selvático, llamado Amazonia, viven muchas comunidades indígenas.

La selva virgen amazónica es un importante destino para los ecoturistas. El turismo ecológico permite conocer, aprender a respetar y, en consecuencia, proteger los recursos naturales de nuestro planeta. El contacto con las comunidades indígenas contribuye a su desarrollo° económico, sin violar su entorno° ni destruir su cultura tradicional.

Hay muchas empresas que organizan viajes de ecoturismo. Puedes hacer una excursión sencilla a uno de los extraordinarios parques nacionales, o pasear por la selva para observar las plantas medicinales y la fauna. Además, puedes pescar, participar en la preparación de alimentos, como el queso, descansar en los tranquilos cruceros, visitar alguna isla y bañarte en los ríos.

Pero si eres más aventurero y atrevido, puedes acampar en la selva virgen, aprender nociones de supervivencia° y practicar deportes extremos, como la escalada, el paracaidismo° y el rafting.

desemboca *flows into* **el desarrollo** *development* **el entorno** *environment*
la supervivencia *survival* **el paracaidismo** *parachuting*

2 **Después de leer** Contesta estas preguntas con oraciones completas.

1. ¿Dónde nace y dónde desemboca el río Amazonas?

_____

2. ¿Qué es la Amazonia?

_____

3. ¿Qué le permite el ecoturismo al turista?

_____

4. ¿Qué efecto tienen los programas de ecoturismo en los pueblos indígenas del Amazonas?

_____

5. ¿Pueden disfrutar del ecoturismo las personas que buscan unas vacaciones tranquilas? ¿Por qué?

_____

6. ¿Qué ofrece el turismo ecológico a los turistas más aventureros?

_____

Lección 5

COMPOSICIÓN

Imagina que trabajas para una empresa que ofrece programas de turismo ecológico en Centroamérica y debes preparar un paquete (*package*) de una semana para la nueva temporada de primavera.

PREPARACIÓN

Escribe una lista de los lugares que vas a incluir en tu itinerario. Luego enumera distintas actividades ecológicas y recreativas que se pueden realizar en cada lugar. Piensa también en actividades alternativas para los que prefieren la tranquilidad, y en otros datos interesantes.

lugares para visitar	actividades para los aventureros	alternativas para los que prefieren la tranquilidad	datos interesantes

COMPOSICIÓN

Escribe el texto para un folleto (*brochure*) informativo sobre el paquete. Incluye esta información:

- una frase o eslogan para atraer al lector
- una descripción del lugar o lugares que se van a visitar y las actividades que se ofrecen cada día
- actividades alternativas para los que prefieren la tranquilidad
- los medios de transporte y el alojamiento
- un dato interesante para atraer la atención de los clientes. Puede ser información turística, histórica, una anécdota de algún viajero, etc.
- información de contacto: nombre de la agencia de viajes, tu nombre, número de teléfono y un sitio de Internet

_____

_____

_____

_____

_____

_____

_____

_____

_____

_____

_____

Lección 5

Lección 6
La naturaleza

1 **Palabras** Escribe la palabra de la lista que corresponde a cada una de estas descripciones o definiciones.

ave	cordillera	león	serpiente
cerdo	erosión	oveja	terremoto
conejo	incendio	rata	trueno

1. _____ → el rey de la selva

2. _____ → el fenómeno natural en el que la tierra se mueve

3. _____ → un ejemplo es la cobra

4. _____ → un sinónimo de pájaro

5. _____ → el ruido en una tormenta

6. _____ → un grupo de montañas

2 **Definiciones** Escribe una descripción o definición de cada palabra.

1. costa → _____

2. bosque → _____

3. desierto → _____

4. mar → _____

5. relámpago → _____

6. paisaje → _____

3 **Campo o ciudad** ¿Prefieres vivir en el campo o en la ciudad? Escribe las ventajas y las desventajas de vivir en el lugar que tú elijas.

al aire libre	entretenimientos	medio ambiente	promover
contaminación	explotar	paisaje	respirar

Prefiero vivir en: _____

Ventajas	Desventajas

Lección 6

4   **Artículo** Lee este artículo sobre la conservación de los recursos naturales y complétalo con las palabras de la lista. Hay una palabra que se repite.

Conservemos nuestros recursos

La comarca de Cibao, en la República Dominicana, quiere promover (*promote*) el 1) _____ del turismo rural a través de una serie de programas de conservación de los 2) _____ de la zona. Especialistas ambientales van a ofrecer talleres (*workshops*) para aprender a 3) _____ la basura y así conservar sus bellos 4) _____ y no 5) _____ el campo con desechos industriales (*industrial waste*). Al enseñar a proteger los árboles y las plantas, este programa también va a 6) _____ a resolver los problemas de 7) _____ del 8) _____. También se enseñará a no 9) _____ y a usar 10) _____ que causan menos daño que la gasolina, como por ejemplo el gasoil y el biodiesel. Este programa de 11) _____ de recursos va a mejorar la zona y atraer más turistas a las áreas rurales.

bosque lluvioso
combustibles
conservación
contaminar
contribuir
deforestación
desarrollo
paisajes
reciclar
recursos naturales

5   **Cierto o falso** Indica si estas afirmaciones sobre el artículo anterior son **ciertas** o **falsas**.

Cierto	Falso		
❏	❏	1.	El programa de conservación sólo quiere atraer a turistas.
❏	❏	2.	Este programa quiere conservar los paisajes.
❏	❏	3.	El programa va a ayudar a proteger los bosques lluviosos.
❏	❏	4.	Hay un programa para educar sobre productos dañinos.
❏	❏	5.	Este programa ayuda a proteger a animales en peligro de extinción.
❏	❏	6.	Se ofrece un programa especial sobre energías renovables.

6   **Turismo rural** Imagina que decides ir a la zona de Cibao para hacer turismo rural. Escribe una postal a tu familia describiendo tus vacaciones, los lugares que has visitado y las actividades que has practicado. Usa al menos seis palabras de la lista.

a orillas de	conservar	medio ambiente
al aire libre	desaparecer	paisaje
bosque	extinguirse	salvaje

_____

_____

_____

_____

_____

Lección 6

ESTRUCTURA

6.1 The future

1 **El futuro** Lee las predicciones de un futurólogo sobre el futuro de una isla caribeña y completa las oraciones con la forma adecuada del futuro de los verbos entre paréntesis.

El futuro no parece muy prometedor para nuestra isla. Un huracán 1) _____ (destruir) muchas partes de la isla y las casas de la costa 2) _____ (desaparecer). Otros desastres naturales 3) _____ (afectar) a la isla. Primero, 4) _____ (haber) una inundación que 5) _____ (arrasar-*to devastate*) la capital. Después, muchas personas 6) _____ (malgastar) el agua porque mucha gente piensa que el agua nunca se 7) _____ (terminar), y esto 8) _____ (provocar) la mayor sequía de la historia de la isla. 9) _____ (perder/nosotros) todos nuestros bosques tropicales porque no 10) _____ (llover). Éste 11) _____ (ser) el futuro aterrador (*terrifying*) de la isla.

2 **Predicciones** Completa esta entrevista con las respuestas que el futurólogo le da a una periodista. Usa oraciones completas y la forma adecuada del futuro de los verbos entre paréntesis.

PERIODISTA Muchas gracias por aceptar esta entrevista. Quiero hacerle unas preguntas. La primera: ¿Qué pasará con los animales de la isla?

FUTURÓLOGO _____ (extinguirse)

PERIODISTA ¿Cómo será el aire?

FUTURÓLOGO _____ (estar)

PERIODISTA ¿Qué harán las autoridades del gobierno?

FUTURÓLOGO _____ (no resolver)

PERIODISTA ¿Y qué pasará con los recursos naturales?

FUTURÓLOGO _____ (agotarse)

3 **Tus predicciones** Piensa en las condiciones medioambientales del lugar donde tú vives y escribe tus propias predicciones sobre estos temas. Usa la forma adecuada del futuro.

árboles	calentamiento global	erosión
basura	capa de ozono	paisaje

1. _____

2. _____

3. _____

4. _____

5. _____

6. _____

Lección 6

Lección 6 Estructura Activities | **53**

4

Planes sobre el futuro Sergio y su novia Isabel hablan de su pasado, su presente y su futuro. Indica qué tiempo se usa en cada una de estas oraciones y después cambia las oraciones que se refieren al futuro siguiendo el modelo.

> **modelo**
>
> Dentro de diez años vamos a tener cuatro hijos.
> *Dentro de diez años **tendremos** cuatro hijos.*

Pasado	Presente	Futuro	
❑	❑	❑	1. Ahora vivo con mis padres en Santo Domingo.
❑	❑	❑	2. De niño, acampaba en los bosques de la region amazónica del Perú.
❑	❑	❑	3. Van a venir mis padres para conocerte.
❑	❑	❑	4. En nuestra boda va a tocar una banda toda la noche.
❑	❑	❑	5. Encontré un apartamento precioso en la costa de Chile para vivir juntos cuando nos casemos.
❑	❑	❑	6. Nunca voy a dejar de quererte.
❑	❑	❑	7. Juntos vamos a ser muy felices.

_____

_____

_____

_____

5

El futuro Completa estas oraciones con tu opinión sobre lo que pasará si no cuidamos nuestro planeta. Luego piensa en posibles soluciones para los tres problemas que consideres más graves.

Problemas:

1. Si no reducimos el consumo de energía, _____.

2. Si no conservamos el agua, _____.

3. Si no protegemos a los animales, _____.

4. Si desforestamos los bosques, _____.

5. Si agotamos los recursos naturales, _____.

6. Si cazamos indiscriminadamente, _____.

7. Si desaparecen los arrecifes, _____.

8. Si no reciclamos, _____.

Soluciones:

_____

_____

_____

6.2 The subjunctive in adverbial clauses

1 **¿Cuál es?** Elige la conjunción adecuada para completar cada oración relacionada con la ecología.

1. _____ (Aunque/Para que) contaminemos menos, el calentamiento global continúa siendo un tema preocupante.

2. _____ (Tan pronto como/En caso de que) llueva, se reducirá el problema de la sequía.

3. Debemos cuidar los bosques _____ (en cuanto/para que) no se extingan los animales.

4. No se podrá cazar animales _____ (en caso de que/sin que) sean especies protegidas.

5. Empezaremos los programas de reciclaje _____ (en cuanto/aunque) terminen las inundaciones.

6. _____ (Con tal de que/Antes de que) nos demos cuenta, la capa de ozono desaparecerá.

2 **Preocupaciones ecológicas** Completa estas oraciones con el subjuntivo o el indicativo de los verbos entre paréntesis, según el contexto.

1. Tenemos que conservar agua aunque _____ (haber) suficiente agua ahora.

2. Cuando _____ (desaparecer) los bosques, se pierden muchas especies.

3. La gente se preocupará por el calentamiento de la tierra cuando _____ (ser) demasiado tarde.

4. Los carros seguirán contaminando hasta que _____ (encontrarse) mejores combustibles alternativos.

5. Las especies en peligro de extinción comienzan a recuperarse tan pronto como nosotros _____ (hacer) algo para protegerlas.

6. Los recursos naturales se agotarán a menos que todas las personas del planeta los _____ (conservar).

3 **Peligros y precauciones** Escribe oraciones lógicas con las conjunciones dadas y las palabras de la lista.

atrapar	extinguirse	paisaje
cazar	león	tierra
conejo	morder	venenoso

1. A menos que _____

_____.

2. Con tal de que _____

_____.

3. Antes de que _____

_____.

4. En caso de que _____

_____.

4 **Planes para el medio ambiente** Completa las respuestas que da la Ministra de Medio Ambiente de Puerto Rico en una conferencia de prensa. Usa las claves que se dan entre paréntesis.

1. ¿Qué hará por el medio ambiente antes de que termine su mandato (*term of office*)?
   (Antes de que) _____

2. ¿Qué proyectos planea hacer con todos los partidos políticos?
   (Luego que/reunirme con ellos) _____

3. ¿Con qué asociaciones ecológicas trabajará?
   (En cuanto/hablar con asociaciones locales) _____

4. ¿Hasta cuándo cree que serán necesarios sus programas de educación ambiental?
   (Serán necesarios hasta que el público) _____

5. ¿Qué está dispuesta a hacer (*willing to do*)?
   (Con tal de que/respetarse la naturaleza) _____

6. ¿Quién continuará su trabajo por el medio ambiente cuando termine su gobierno?
   (Después de que/yo/irme) _____

5 **Campaña electoral** La Ministra de Medio Ambiente de Puerto Rico quiere continuar en su trabajo de ministra. Escribe un discurso convincente que la ayude a obtener el apoyo del público.

A. Para preparar el discurso, haz una lista de cinco proyectos ambientalistas y explica por qué son relevantes.

_____

_____

_____

_____

_____

_____

B. Escribe el discurso con las ideas de la lista anterior. Expande las ideas usando al menos cinco expresiones de esta lista.

a menos que	cuando	para que	sin que
a pesar de que	en cuanto	siempre que	tan pronto como

_____

_____

_____

_____

_____

_____

_____

_____

_____

Lección 6

6.3 Prepositions: *a, hacia,* and *con*

1   **¡Hay que ver el documental!** Empareja las columnas para formar oraciones lógicas.

_____ 1. El documental de televisión sobre
            los arrecifes empieza

_____ 2. No quiero llegar tarde a casa. Le prometí

_____ 3. Entonces tenemos que caminar ya

_____ 4. Este parque está

_____ 5. Calculo que llegaremos a casa

_____ 6. ¡Qué tarde! Voy a llamar

_____ 7. Afortunadamente es muy fácil
            comunicarse; siempre salgo de casa

a. a Diana para pedirle que grabe (*record*) el
    documental en video porque llegaré tarde.

b. hacia las nueve y cuarto.

c. con mi teléfono celular.

d. a una milla de mi casa.

e. hacia la salida del parque.

f. a las nueve en punto.

g. a Diana que íbamos a llegar a tiempo.

2   **Completar** Completa las oraciones con la preposición **a** según corresponda. Si no es necesario usar **a**, escribe una X.

1. ¿Viste _____ las montañas? ¡Son preciosas!

2. _____ mis amigos no les gusta acampar.

3. Este manual explica _____ cómo conservar los recursos naturales.

4. No conozco _____ nadie que no recicle la basura inorgánica.

5. Para ahorrar combustible, voy _____ conducir menos.

6. Siempre le digo _____ Johnny que no use tanta agua.

7. Buscamos _____ estudiantes para la campaña ecológica.

8. ¿Quieren vivir en una ciudad llena de basura? ¿No? Pues, ¡ _____ reciclar!

3   **Oraciones** Combina los elementos para formar oraciones lógicas. En cada una debes usar las preposiciones **a, con** o **hacia** por lo menos una vez. Haz los cambios necesarios.

1. nosotros / necesitar / ciudadanos responsables / para trabajar / nosotros

_____

2. yo / no gustar / tu actitud negativa / los animales

_____

3. mi interés / la naturaleza / empezar / los años noventa

_____

4. Aguayo / dar de comer / su pez / todos los días

_____

5. tú / querer / hablar / tu madre / sobre la idea de adoptar / un perro

_____

6. ayer / la lluvia / caer / mucha fuerza / todo el día

_____

7. yo / preguntar / Ana / qué hora / llegar / casa / anoche

_____

8. ayer / él / explicar / todos / muchos detalles / las consecuencias de la deforestación

_____

Lección 6 Estructura Activities   **57**

4 **Reunión** Completa esta conversación entre el alcalde (*mayor*) de Río Piedras, Puerto Rico, y el presidente de una organización ecologista.

con nosotros	con ustedes	con él
con	conmigo	con ellos

ALCALDE Debemos buscar una solución para terminar 1) _____ el problema de la caza. 2) _____ tanta caza, los animales del bosque van a desaparecer.

ECOLOGISTA Nosotros queremos hablar con los cazadores, pero ellos no quieren reunirse 3) _____.

ALCALDE 4) _____ esa actitud de no querer reunirse, es difícil que ellos colaboren 5) _____. Intentaré llegar a un acuerdo 6) _____. Seguro que ellos sí quieren hablar 7) _____. Llamaré a mi cuñado, él es cazador y 8) _____ se puede hablar 9) _____ más confianza.

ECOLOGISTA Gracias, señor Alcalde. Cuente 10) _____ para lo que necesite.

5 **Conversación** Escribe la conversación que el alcalde de Río Piedras tuvo con su cuñado el cazador. Usa al menos seis expresiones de la lista.

a los animales	a nadie	con cuidado	con nosotros
a los cazadores	con	con ellos	hacia el bosque

_____

_____

_____

_____

_____

_____

_____

_____

_____

_____

_____

_____

_____

_____

_____

LECTURA

1 **Antes de leer** ¿Existen animales en peligro de extinción en tu país? ¿Se hace algo para protegerlos?

_____

_____

Las islas Galápagos

La fauna de Hispanoamérica es de una riqueza extraordinaria. Lamentablemente, algunas especies animales están en peligro de extinción a causa de la caza y pesca indiscriminadas, la creciente deforestación y, por supuesto, la contaminación. Sin embargo, todavía se pueden encontrar paraísos en los que la naturaleza se ha salvado de la mano contaminadora del hombre.

En el océano Pacífico, a unos 1.000 kilómetros del Ecuador, se encuentra uno de los ecosistemas más extraordinarios del planeta. Se trata de las islas Galápagos, un archipiélago compuesto por 125 islas e islotes. Su origen volcánico le confiere al paisaje un aspecto de lugar encantado. Pero no es esta cualidad lo que atrae a los visitantes e investigadores, sino las maravillosas especies animales de estas islas.

El nombre del archipiélago proviene de la gran cantidad de tortugas gigantes que habitan allí, llamadas galápagos, y que son únicas en todo el planeta. Las islas Galápagos son un paraíso no sólo para estas tortugas, sino para muchas otras especies animales protegidas, como las iguanas marinas, los piqueros°, las fragatas°, los leones marinos, entre otras muchas especies de reptiles, aves y mamíferos. En 1835, Charles Darwin concibió su teoría de la evolución en estas islas, inspirado en la singularidad de las especies que encontró.

Debido al escaso° contacto que han tenido con el hombre, muchos de los animales del archipiélago no les tienen miedo a los visitantes y se acercan a ellos movidos por la curiosidad. Por ello, y para proteger el medio ambiente, hace unos años se limitó el número de turistas que puede visitar las islas anualmente. A pesar de ésta y otras medidas que se han tomado, algunas de las especies que viven en este ecosistema se encuentran actualmente en peligro de extinción.

piqueros _blue-footed boobie_ **fragatas** _frigatebird_ **escaso** _limited_

2 **Después de leer** Completa estas oraciones con la opción correcta.

1. Algunas especies están en peligro de extinción debido a la caza y la pesca indiscriminadas y _____.

   a. la deforestación y   b. la deforestación y   c. la contaminación y
   la contaminación   los incendios   los terremotos

2. Las islas Galápagos están en _____.

   a. el mar Caribe   b. el océano Atlántico   c. el océano Pacífico

3. El nombre de las islas proviene de una especie de _____ que vive allí.

   a. lagarto gigante   b. tortuga gigante   c. ballena

4. En las islas Galápagos se ha limitado el número de _____ al año, para proteger su medio natural.

   a. visitantes   b. aves   c. especies

Lección 6

COMPOSICIÓN

Imagina que perteneces a una organización ambiental que trabaja en una campaña de sensibilización (*awareness*) para la protección de espacios naturales. Tú eres el/la encargado/a de escribir un folleto informativo.

PREPARACIÓN

Escribe una lista de los lugares que planeas proteger. Puedes buscar información en las lecturas del libro de texto. Luego escribe otra lista para indicar lo que quieres proteger (animales, plantas, bosques, etc.). Por último, da consejos a los visitantes para que colaboren en la protección de los lugares que seleccionaste.

Dónde proteger	Qué proteger	Consejos y recomendaciones

COMPOSICIÓN

Escribe un folleto informativo para tu campaña de sensibilización.

- Incluye un eslogan o una cita sobre el medio ambiente para captar la atención del lector.
- Describe el lugar que quieres proteger. Explica dónde está, qué atracciones turísticas naturales tiene, etc. Debes elegir dos o tres espacios naturales.
- Describe qué se necesita proteger en particular y por qué. Usa la información de los artículos del libro de texto y de la lectura de la página anterior.
- Escribe tres consejos prácticos para que todos los visitantes puedan colaborar en la conservación de esos espacios naturales.

_____

_____

_____

_____

_____

_____

_____

_____

_____

_____

_____

CONTEXTOS

Lección 7
La tecnología y la ciencia

1 **Nuestra ciencia** *Nuestra ciencia* es una revista de divulgación científica. Éstas son las fotos y los títulos de los artículos que se van a publicar en el próximo número. Indica con qué título se corresponde cada foto. Hay un título que no lleva foto.

 a.　 b.　 c.　 d.　 e.

_____ 1. La oveja Dolly y la ética de la clonación

_____ 2. La nave Ariane desafía al mundo: aterrizará en un planeta desconocido hasta ahora

_____ 3. La informática y las respuestas para el futuro

_____ 4. Nuevas claves sobre la teoría de la relatividad

_____ 5. Innovadores estudios sobre las estrellas y los agujeros negros

_____ 6. Intrigante descubrimiento sobre el desarrollo de las células

2 **Un epígrafe para las fotos** Un epígrafe es una descripción breve que suele acompañar una foto. Completa los siguientes epígrafes con las palabras de la lista. Haz los cambios que sean necesarios.

clonado	estrella fugaz	reproductor de DVD
computadoras portátiles	investigar	telescopio

1. _____ son cada vez más pequeñas y ligeras.

2. Todo está preparado para el lanzamiento (*launching*) del mayor _____ de la Tierra. Con él se podrán ver partes del espacio nunca vistas.

3. El primer animal _____ que sobrevivió fue una oveja.

4. Para ver películas vas a necesitar _____.

5. ¿Por qué la gente pide un deseo cuando ve _____?

6. Todavía queda mucho por _____ en la superficie de la Luna.

3 **Definiciones** Empareja las palabras con sus definiciones.

_____ 1. la patente	a. palabra o serie de letras y/o números que da acceso a una computadora
_____ 2. la contraseña	b. partícula formada por ADN que se encuentra en el núcleo de las células y que determina la herencia
_____ 3. el extraterrestre	c. documento que reconoce a alguien como autor de un invento
_____ 4. el ovni	d. objeto volador no identificado
_____ 5. el gen	e. habitante de un planeta que no sea la Tierra

4 **Los subtítulos** Completa estos subtítulos que expanden los títulos principales de la **actividad 1** con las palabras de la lista.

avance	descubrimiento	formuló	innovadoras
científico	especializado	inalámbricas	transbordador espacial

1. Un _____ argentino ha hecho un _____ significativo que puede ayudar a encontrar una cura para el mal de Alzheimer.
2. El científico peruano Luis Ybarra, _____ en dinosaurios, _____ una teoría acerca del origen de las aves.
3. Las fotos tomadas desde el _____ mostraron que la superficie de la Luna tiene montañas y cráteres.
4. Nuevas técnicas _____ prometen mayor seguridad para las conexiones _____.

5 **Noticia de última hora** Imagina que eres periodista y acabas de recibir información sobre un ovni. Escribe un breve artículo periodístico usando las palabras de la lista.

comprobar	extraterrestres	investigar
descubrimiento	gravedad	transbordador espacial

POSIBLE OVNI EN TIERRAS ARGENTINAS

En la mañana del lunes, se ha visto un objeto volador no identificado en las afueras de Buenos Aires, Argentina. Astrónomos y especialistas están observando el ovni con potentes telescopios...

_____

_____

_____

_____

_____

_____

6 **Entrevista** Escribe las respuestas a las preguntas que un(a) periodista le hizo al astrónomo que descubrió el objeto volador no identificado.

PERIODISTA ¿Qué estaba haciendo cuando vio por primera vez el objeto volador?
ASTRÓNOMO _____
PERIODISTA ¿Qué pensó que era al principio?
ASTRÓNOMO _____
PERIODISTA ¿Cuál fue su primera reacción?
ASTRÓNOMO _____
PERIODISTA ¿Qué opina el gobierno argentino de este descubrimiento?
ASTRÓNOMO _____
PERIODISTA ¿Cuál es su teoría en cuanto a este suceso? ¿Cuál será el siguiente paso?
ASTRÓNOMO _____

ESTRUCTURA

7.1 The present perfect

1 **Crucigrama** Completa el crucigrama con los participios de estos verbos.

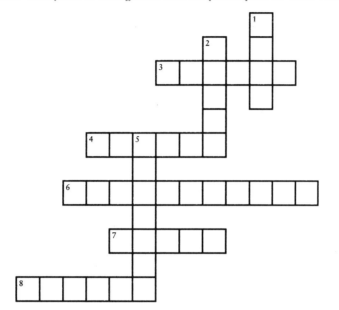

Horizontales

3. poner
4. volver
6. descubrir
7. ver
8. morir

Verticales

1. romper
2. hacer
5. escribir

2 **¿Problemas técnicos?** Completa la conversación entre un profesor de informática y un(a) estudiante. Usa la forma correcta del pretérito perfecto y el participio como adjetivo.

ESTUDIANTE Profesor, esta computadora está 1) _____ (romper).

PROFESOR ¡Imposible! La 2) _____ (comprar) hace una semana. Ah, mira... ¿cómo va a funcionar si no la 3) _____ (encender)?

ESTUDIANTE Ah, ahora ya está 4) _____ (encender) pero no pasa nada.

PROFESOR ¡Es que todavía no 5) _____ (escribir) tu contraseña!

ESTUDIANTE Lo que pasa es que 6) _____ (perder) mi contraseña; no la recuerdo y no se dónde la 7) _____ (guardar).

PROFESOR Está bien, usa mi portátil y entra en la página web de la escuela, como les 8) _____ (decir) a tus compañeros.

ESTUDIANTE Perdón, pero no 9) _____ (entender) las instrucciones.

PROFESOR ¿Ya estás 10) _____ (conectar) a Internet?

ESTUDIANTE Sí, pero no 11) _____ (encontrar) la página web.

PROFESOR Continuaremos mañana porque la clase se 12) _____ (terminar), ¡y mi paciencia también!

3 **¿Qué han hecho?** Combina estos elementos para formar oraciones completas. Usa el pretérito perfecto y haz los cambios necesarios.

> **modelo**
> yo/comprar/teléfono celular nuevo
> Yo he comprado un teléfono celular nuevo.

1. nosotros / navegar / descargar / programas en la red

_____

2. matemáticos / descubrir / fórmula revolucionaria

_____

3. astrónoma / observar / cometa / horas

_____

4. usted / realizar / avances / investigación

_____

5. ingeniera / patentar / descubrimiento

_____

6. tú / enviar / correo electrónico

_____

4 **Encuesta** Una revista de informática de Argentina hizo una encuesta entre 100 usuarios de Internet. Estudia los resultados de la encuesta y escribe un informe sobre los resultados. Usa el pretérito perfecto en tu informe.

Preguntas	Frecuencia			
	Nunca	En los últimos 6 meses	En la última semana	En las últimas 4 horas
1. usar una computadora portátil	2	68	20	10
2. navegar en la red	1	7	12	80
3. descargar programas de computación	70	25	15	0
4. escuchar música en la computadora	10	30	50	10
5. ver DVD en la computadora	10	80	8	2
6. enviar mensajes de texto desde la computadora a teléfonos celulares	90	6	3	1
7. escribir en su propio *blog*	95	1	4	0
8. eliminar el correo basura (*junk e-mail*) de la casilla de correo	70	5	25	0

La mayoría de los encuestados ha respondido que... _____

_____

_____

_____

_____

7.2 The past perfect

1 **Oraciones incompletas** Completa con la forma correcta del pluscuamperfecto de los verbos entre paréntesis.

1. Antes de clonar a Dolly, los investigadores _____ (hacer) muchas pruebas.
2. Los astronautas ya _____ (visitar) la Luna, cuando ellos fueron a Marte.
3. Ayer vi una estrella fugaz. Nunca antes _____ (ver) una estrella por un telescopio.
4. Hasta ahora no _____ (inventarse) teléfonos con cámara de fotos y de video.
5. ¡Acabo de perder un archivo adjunto y no lo _____ (guardar)!
6. Los ingenieros querían patentar su último invento, pero todavía no _____ (comprobar) si funcionaba.

2 **El mundo de las computadoras** Reescribe estas oraciones usando el pluscuamperfecto. Sigue el modelo.

> **modelo**
>
> Hace una hora envié un correo electrónico. Usé el corrector ortográfico antes de enviarlo.
> *Ya había usado el corrector ortográfico cuando envié el correo electrónico.*

1. Recibí tu mensaje de texto a las 5:00. Terminé de descargar los programas a las 4:30.
   _____
2. Borré los archivos. Me llamaron a mi celular cinco minutos más tarde para pedírmelos.
   _____
3. Guardé los archivos adjuntos. Mi computadora se rompió poco después.
   _____
4. Tomé tres cursos de informática el año pasado. Compré esta computadora anteayer.
   _____
5. Adjunté unas fotos al correo electrónico. Perdí la conexión unos minutos después.
   _____

3 **¿Por qué?** Lee esta historia y responde estas preguntas usando el pluscuamperfecto del verbo subrayado.

Los socios del club de astronomía <u>observaron</u> el cielo de La Pampa argentina por horas y finalmente vieron un objeto volador no identificado. La última vez que los socios del club <u>vieron</u> algo extraño en el cielo fue hace tres años y los investigadores no <u>vinieron</u>. Por eso, no querían llamar a los investigadores. La explicación de los investigadores fue que no podían responder a los llamados de todos los aficionados a la astronomía porque muchas veces <u>eran</u> falsas alarmas y ellos estaban ocupados con proyectos muy importantes.

1. ¿Por qué vieron el ovni? _____
2. ¿Es ésta la primera vez que los socios del club ven objetos en el cielo? _____
   _____
3. ¿Por qué no querían llamar a los investigadores? _____
   _____
4. ¿Por qué los investigadores decían que no podían responder a todos los llamados de los aficionados?
   _____

Lección 7 Estructura Activities   **65**

4 **Te presto mi computadora** Completa la conversación entre Carla y Esteban sobre los problemas que tiene Esteban con su computadora. Usa la forma correcta del pretérito perfecto o el pluscuamperfecto.

CARLA ¿Ya te 1) _____ (comprar) una computadora nueva?

ESTEBAN No, cuando fui a la tienda la oferta ya 2) _____ (terminarse) y no tengo mucho dinero ahora.

CARLA Cuando yo compré la mía, la semana pasada, el vendedor me dijo que ya 3) _____ (vender) más de cincuenta computadoras portátiles.

ESTEBAN ¡Qué lástima! No 4) _____ (poder) ir antes porque 5) _____ (tener) demasiado trabajo.

CARLA ¿6) _____ (escribir) ya el informe para tu clase de biología?

ESTEBAN Sí, me reuní con mi grupo ayer, pero todavía no 7) _____ (presentar) el informe. Y mi vieja computadora 8) _____ (romperse) otra vez. Nunca me 9) _____ (fallar) antes, pero últimamente no 10) _____ (parar) de darme problemas.

CARLA Te puedo prestar la mía, prácticamente no la 11) _____ (usar) en las últimas dos semanas y no creo que la necesite hoy.

5 **Pasado y presente** Piensa en avances científicos que tuvieron lugar antes de que nacieras y en avances que se han realizado en los últimos años. Escribe por lo menos ocho oraciones sobre los avances y descubrimientos más importantes. Usa el pluscuamperfecto, el pretérito perfecto y participios como adjetivos. Puedes usar los verbos de la lista u otros.

crear	escribir	hacer	investigar	poner
descubrir	fabricar	inventar	morir	resolver

modelo

Cuando yo nací, ya *habían descubierto* la penicilina.

Últimamente, los científicos *han hecho* muchos descubrimientos sobre las causas de enfermedades graves.

Las vacunas *descubiertas* por los científicos han ayudado a curar muchas enfermedades.

_____

_____

_____

_____

_____

_____

_____

_____

_____

7.3 Diminutives and augmentatives

1 **Revista para niños** Juan, un editor de publicaciones infantiles, está buscando un nombre para una nueva revista de temas científicos para niños. Mira estos posibles títulos y reemplaza las palabras subrayadas con diminutivos.

1. Inventos del mundo _____
2. Ciencia para los pequeños _____
3. Cerebros en acción _____
4. Ciencia para los más jóvenes _____
5. Fábrica de ideas _____
6. Amigos de la ciencia _____
7. Científicos _____
8. La voz de la ciencia _____

2 **Oraciones incompletas** Escribe el aumentativo que corresponde a las descripciones entre paréntesis.

1. Ayer los científicos descubrieron un _____ (agujero enorme) en la capa de ozono.

2. ¿Por qué no les gusta a los profesores que los estudiantes digan _____ (palabras feas y desagradables)?

3. Antes, hombres, mujeres y niños dormían con un _____ (camisa grande y larga).

4. Publicaron un _____ (artículo muy largo) en la revista *Facetas*.

5. El Halley es un cometa _____ (muy grande).

6. Antonio Zubizarreta es un científico que tiene una _____ (cabeza grande) para resolver problemas matemáticos.

7. Juan tiene una _____ (boca grande) y siempre revela (*makes public*) demasiado pronto los resultados de sus investigaciones.

8. Félix Vázquez es un científico con un _____ (cerebro grande) para investigar la cura de enfermedades.

3 **¿Diminutivo o aumentativo?** Clasifica estas palabras en diminutivos o aumentativos. Luego escribe la palabra original para cada una de ellas.

bocaza	casona	chiquillo	golpazo
cabezón	cerebrito	codazo	hermanito
campanilla	cerquita	cucharilla	solterón

Diminutivos	Aumentativos
abuelita/abuela	

4

Sopa de letras Busca el diminutivo o el aumentativo de estas palabras.

libro	poco
manos	rodilla
pan	ventana

O	Q	P	J	T	A	J	O	O	G
M	Z	J	O	O	K	L	S	S	O
T	J	A	K	Q	L	Y	A	V	T
O	F	H	L	I	U	T	I	L	I
I	E	O	R	L	M	I	K	S	C
C	M	B	N	E	I	K	T	X	E
Q	I	X	D	D	W	D	Q	O	N
L	X	Z	D	Q	X	I	O	D	A
M	A	N	I	T	A	S	U	R	P
A	L	L	I	N	A	T	N	E	V

5

Una pequeña gran historia Lee el comienzo de esta historia y reemplaza los dimininutivos con aumentativos y los aumentativos con diminutivos. Luego escribe un final para la historia usando al menos cuatro diminitutivos y cuatro aumentativos más, formados a partir de algunas de las palabras de la lista.

agua	avión	chico	mano
ahora	cerca	estrella	planeta
amigo	cohete	luz	taza

A María siempre le había interesado la ciencia y le encantaba leer (libritos) _____ dificilísimos. Siempre decía: "Cuando sea (grandecita) _____ voy a ser inventora". En el fondo de su (casona) _____ había un (cuartote) _____ donde María hacía muchos experimentos. Cuando terminó la escuela secundaria, _____

_____

_____

_____

LECTURA

1   **Antes de leer** ¿Tienes familiares o amigos que viven lejos? ¿Cómo te comunicas con ellos?

_____

_____

Internet en el mundo hispanohablante

Internet ha cambiado nuestras vidas, de eso no hay duda. Las ventajas son muchas: ha mejorado la educación a distancia, da acceso rápido a información y ofrece posibilidades de trabajar y comprar desde el hogar. No hay que olvidar, sin embargo, que el uso de Internet no está establecido en todos los países de la misma forma. Los internautas latinos representan solamente el 5,5% del total en el mundo, después de Europa, Asia y Norteamérica.

Aunque el porcentaje parece pequeño, se han registrado muchos avances en el acceso a las computadoras y a Internet por parte de los hispanohablantes. De hecho, el número de dueños de computadoras en los países hispanos está creciendo a buen ritmo. Por ejemplo, en el año 2001, las ventas de computadoras personales habían bajado en todo el mundo a excepción de Hispanoamérica, donde ascendieron un 10%. Según algunas estadísticas, en el 2005 había 25 millones de latinos conectados a la Red y se calcula que el número de latinos internautas alcanzará los 65 millones en un par de años.

Por otra parte, aunque las ventas por Internet son cada vez más comunes en Estados Unidos, en Hispanoamérica no están teniendo el mismo crecimiento°. El problema es la falta de credibilidad en la tecnología, por parte de los vendedores, y la falta de credibilidad en los sistemas de crédito, por parte de los compradores, quienes en muchos casos tienen miedo de ser víctimas de robo de identidad si realizan transacciones por Internet. Sin embargo, se espera que esta situación mejore poco a poco.

Los analistas más optimistas sostienen que es muy posible que próximamente el nivel de acceso a Internet en Latinoamérica sea tan común como lo es actualmente en Estados Unidos.

el crecimiento *growth*

2   **Después de leer**

A. Cierto o falso Indica si estas afirmaciones son **ciertas** o **falsas.**

Cierto	Falso	
❏	❏	1. El 5,5% de los internautas del mundo son latinos.
❏	❏	2. El número de personas que tienen computadoras en los países hispanos no ha crecido desde el año 2001.
❏	❏	3. En el año 2001, las ventas de computadoras en los países hispanos ascendieron un 15%.
❏	❏	4. Los vendedores tienen miedo de ser víctimas de robo de identidad.
❏	❏	5. Según el artículo, es posible que Estados Unidos y Latinoamérica tengan el mismo nivel de acceso a Internet en el futuro.

B. ¿Y tú? ¿Para qué usas Internet? ¿Realizas compras por Internet? ¿Por qué?

_____

_____

_____

_____

Lección 7 Lectura Activities   **69**

Lección 7

COMPOSICIÓN

Imagina que estás trabajando en una campaña publicitaria para una compañía de telecomunicaciones. Escribe un folleto publicitario explicando las diferentes posibilidades para comunicarse con los familiares que están lejos.

PREPARACIÓN

Escribe una lista de los diferentes servicios que ofrece tu compañía (Internet, telefonía fija, teléfonos celulares, televisión por satélite, etc.). Luego piensa en las diferentes posibilidades que ofrecen esos productos (teléfonos celulares: mensajes de texto, envío de fotos, etc.). Puedes buscar información en la lectura de la página anterior y en los apuntes culturales de la **Lección 7**.

Servicios y productos	Posibilidades

COMPOSICIÓN

Escribe un folleto publicitario para dar a conocer los servicios de tu compañía a la población hispanohablante de tu comunidad.

- Describe el servicio y los productos que ese servicio requiere (computadora, teléfono fijo, antena parabólica, etc.).
- Explica las posibilidades y beneficios de estos productos y servicios (enviar correo electrónico, comunicarse a través de imágenes, etc.).
- Incluye otra información, como precio, duración de la instalación, promociones especiales, etc.
- Termina tu folleto con la información de contacto para solicitar esos productos y servicios (número de teléfono, página web, etc.).

_____

_____

_____

_____

_____

_____

_____

_____

_____

_____

_____

CONTEXTOS

Lección 8
La economía y el trabajo

1 **Analogías** Completa cada analogía con la palabra adecuada.

1. contratar : despedir :: solicitar: _____

2. empleo : desempleo :: ganar bien: _____

3. pobreza : riqueza :: exportar: _____

4. ahorrar : gastar :: exitoso: _____

5. conferencia : reunión :: compañía: _____

6. contratar : puesto de trabajo :: ascender: _____

2 **Diálogos en Blas y Cía.** Completa las conversaciones sobre situaciones laborales en la empresa Blas y Cía. con las palabras de la lista.

aumento	contrato	puesto	sindicato
compañía	dueña de la empresa	reunión	sueldo mínimo

CONVERSACIÓN 1

—Señor Domínguez, el 1) _____ está planeando una 2) _____ para el próximo martes.

—¿Cuál es el problema ahora?

—Trabajamos demasiado y tan sólo por un 3) _____. Queremos un

4) _____ de sueldo por trabajar en estas condiciones.

—Bien, lo discutiré con la 5) _____.

CONVERSACIÓN 2

—Señorita Rodríguez, su currículum es impresionante. Sus estudios y experiencia son adecuados para nuestra 6) _____. El 7) _____ es suyo. ¿Puede comenzar a trabajar el lunes próximo?

—¡Claro que sí!

—Entonces, sólo tiene que firmar el 8) _____.

3 **¡Felicitaciones!** En Fernández y Compañía un empleado, el señor Ferrari, está muy contento. Ordena la conversación del uno al diez para saber por qué está tan feliz.

_____ a. Me alegro porque usted también ha sido ascendido.

__1__ b. Señor Pardo, me dijo su socio que usted quiere hablar conmigo.

_____ c. ¡Felicitaciones, señor Ferrari! Ahora vaya a descansar porque mañana lo espera un largo día.

_____ d. Quiero felicitarlo por ese proyecto, señor Ferrari. Fue aprobado por los ejecutivos de la empresa.

_____ e. Gracias. ¿Quiere hablarme sobre el proyecto que le presenté a la compañía?

_____ f. ¡Ésa es una excelente noticia! ¿Les gustó a todos los ejecutivos?

_____ g. ¡Ésa es otra excelente noticia, señor Pardo!

_____ h. A todos, sin excepción. Creemos que el proyecto será un éxito y queremos que comience a trabajar en esto mañana mismo. ¿Está de acuerdo?

_____ i. ¡Sí, por supuesto!

_____ j. Así es, señor Ferrari. Pase y tome asiento, por favor.

Lección 8

4 **Huelga mundial de mujeres** Completa este párrafo sobre una huelga de mujeres con las palabras de la lista.

exigir	huelga	riqueza
exitosos	pobreza	sueldo

La Huelga Mundial de Mujeres nace en 1999 cuando las mujeres irlandesas deciden convocar una 1) _____ general y piden el respaldo de la Campaña Internacional por el Salario para el Trabajo del Hogar. Las mujeres de todo el mundo se han movilizado para 2) _____ el reconocimiento del trabajo sin 3) _____ que hacen en sus hogares, para luchar por la igualdad salarial y para combatir la 4) _____, la explotación y todo tipo de discriminación. La campaña ha tenido resultados 5) _____: ha reunido a mujeres en más de sesenta países y ha formado una red internacional de coordinadoras de la huelga.

En la actualidad, las mujeres en Venezuela han logrado que el Artículo 88 de la Constitución reconozca al trabajo del hogar como actividad económica que produce 6) _____ y bienestar social, y que le da derecho (*rights*) a las amas de casa (*housewives*) a la seguridad social.

5 **Peticiones** Escribe la lista de peticiones que las mujeres de Venezuela pudieron haber hecho al gobierno de su país. Usa oraciones completas.

1. Contratos: *Queremos que nuestros contratos sean justos.* _____

2. Puestos de trabajo: _____

3. Situación de la mujer: _____

4. Sueldo mínimo: _____

5. Horario de trabajo: _____

6 **Carta** Imagina que perteneces a una asociación que lucha por los derechos civiles de la mujer venezolana. Escribe una carta al gobierno venezolano pidiendo el reconocimiento del trabajo en el hogar y el derecho a la igualdad en el mundo laboral. Usa al menos ocho palabras de la lista.

aumento de sueldo	contrato	fijo	sindicato
capaz	empleado	ganar bien	solicitar
cobrar	empleo	puesto	sueldo mínimo

_____

_____

_____

_____

_____

_____

_____

_____

_____

_____

Lección 8

ESTRUCTURA

8.1 The conditional

1 **Entrevista** Completa esta conversación sobre un puesto de trabajo con la forma correcta del condicional de los verbos entre paréntesis.

CANDIDATO Si yo pudiera formar parte de esta empresa 1) _____ (estar) dispuesto a todo.

GERENTE Pero, sin experiencia, usted no 2) _____ (poder) ocupar el puesto de trabajo que solicita en nuestra compañía.

CANDIDATO No me 3) _____ (importar) trabajar en cualquier otro puesto, incluso 4) _____ (trabajar) por el sueldo mínimo. También 5) _____ (estudiar) para poder ascender.

GERENTE 6) _____ (tener) que consultarlo con el asesor y la dueña de la empresa. Creo que usted 7) _____ (ser) un buen vendedor algún día; parece una persona muy capaz.

CANDIDATO Muchísimas gracias. Me 8) _____ (encantar) ser vendedor y algún día 9) _____ (poder) llegar al puesto de contador o gerente.

GERENTE 10) _____ (valer) la pena intentarlo. Es usted un joven con mucho talento y entusiasmo y creo que puede tener un gran futuro en esta empresa.

2 **Las responsabilidades de Mario** Mario, el candidato de la actividad anterior, se reúne con el asesor de la empresa, quien le informa sobre las responsabilidades que tendría como empleado. Mira la lista del asesor y escribe oraciones usando el condicional.

1. hacer fotocopias: Harías fotocopias.

2. preparar informes de ventas: _____

3. ayudar al gerente: _____

4. administrar la base de datos: _____

5. distribuir el correo: _____

6. organizar reuniones: _____

3 **¡Decepcionado!** Finalmente, Mario es contratado, pero se siente decepcionado porque tiene responsabilidades de las que no había hablado con el gerente. Imagina lo que piensa este nuevo empleado y escribe oraciones usando el condicional.

1. decirme / asistir cursos de formación El gerente me dijo que asistiría a cursos de formación.

2. mencionar / ser vendedor y no asistente _____

3. decirme / tener futuro en su empresa _____

4. decirme / valer la pena intentarlo _____

5. explicar / administrar proyectos importantes _____

6. prometer / tener muchas responsabilidades _____

Lección 8

4   **Completar** Completa las oraciones usando el condicional para explicar qué pasaría en estas situaciones hipotéticas.

1. Una empresa multinacional cierra de repente.

   Los empleados *se quedarían sin trabajo y protestarían.* _____

2. Tu jefe te ofrece un puesto más alto en tu empresa que requiere más horas de trabajo.

   Tú _____

3. Las mujeres de todo el mundo logran tener los mismos derechos laborales.

   Ellas _____

4. Los ciudadanos no tienen que pagar impuestos.

   Yo _____

5. El día de trabajo aumenta a doce horas diarias.

   Los empleados _____

6. El gerente de una compañía renuncia.

   La dueña de la compañía _____

5   **¿Qué harías tú?** Elige una de estas situaciones y escribe al menos cuatro oraciones para explicar qué harías tú en ese caso. Usa el condicional.

1. Tú eres el/la dueño/a de una empresa y te enteras de que tus empleados piensan que no ganan suficiente dinero.

2. Tú eres el/la gerente de una empresa y tus asesores te recomiendan tercerizar (*outsource*) los servicios que ofrece tu empresa a otro país donde los costos serían menores.

   _____

   _____

   _____

   _____

6   **¿Cómo sería tu trabajo ideal?** Describe cuáles serían tus responsabilidades, cómo sería el ambiente de trabajo, cómo sería la relación con tu jefe/a, cuánto dinero ganarías, etc. Escribe al menos seis oraciones y usa el condicional. Puedes usar las palabras de la lista.

administrar	ganar bien	puesto	sueldo
ejecutivo/a	horas extra	secretario/a	vacaciones

   _____

   _____

   _____

   _____

   _____

   _____

8.2 The past subjunctive

1 **Consejos para conseguir trabajo** Teresa le escribe a su amiga Carla una carta para darle consejos sobre cómo encontrar trabajo. Completa la carta que escribió con el imperfecto de subjuntivo de los verbos entre paréntesis.

Querida Carla:

Me pediste que te 1) _____ (dar) consejos para encontrar trabajo. Ya te dije que 2) _____ (mirar) el periódico todos los días y que 3) _____ (solicitar) todos los puestos que te 4) _____ (parecer) interesantes. Yo no creía que 5) _____ (poder) encontrar nada interesante en el periódico, pero ahí encontré el anuncio de la revista *La Semana*. A mí me aconsejaron que 6) _____ (revisar) muy bien mi currículum vitae y que 7) _____ (destacar) mi experiencia en puestos similares al que solicitaba. También me dijeron que era importante que 8) _____ (investigar) sobre la compañía antes de ir a la entrevista, para que las personas en la empresa 9) _____ (saber) que tenía interés. Escríbeme pronto, 10) _____ (querer) saber cómo te van las entrevistas. Si tienes más preguntas, ya sabes donde estoy.

Besos,

Teresa

2 **¿Qué piensas tú?** ¿Qué consejos le darías tú a Carla para las entrevistas de trabajo? Escribe oraciones completas combinando elementos de las dos columnas. Usa el condicional y el imperfecto de subjuntivo.

aconsejar	mostrar interés
decir	mostrar(se) profesional/auténtico
pedir	(no) preguntar salario
recomendar	sonreír
sugerir	vestirse muy bien

1. Le aconsejaría que se vistiera muy bien.
2. _____
3. _____
4. _____
5. _____

3 **En el trabajo** Contesta las preguntas usando la información que se da entre paréntesis.

1. ¿Qué te pidió el gerente? (reunirme con él)
   El gerente me pidió que me **reuniera** con él.

2. ¿Qué quería la dueña de la empresa? (candidatos/hablar con los empleados)
   _____

3. ¿Qué sugirió la ejecutiva? (despedir al vendedor)
   _____

4. ¿Qué esperabas tú? (puesto/ser más interesante)
   _____

5. ¿Qué solicitó el sindicato? (la empresa/aumentar/sueldos)
   _____

Lección 8 Estructura Activities | **75**

4 **¡Trabajo conseguido!** Con los buenos consejos de Teresa y tuyos, Carla encontró un buen trabajo como asesora de una empresa de combustibles alternativos (*alternative fuels*) en Uruguay. Imagina qué pasó en su primer día de trabajo y escribe oraciones completas combinando los elementos de las cuatro columnas. Usa el pretérito y el imperfecto de subjuntivo.

asesor	decir	ayudar a preservar	contrato
dueño de la compañía	ordenar	financiar	ejecutivos
empleados	pedir	hablar	fábricas de automóviles
gerente	querer	reunirse	inversión
sindicato	recomendar	revisar	el medio ambiente
socios	sugerir	solicitar	nuevas tecnologías

1. Un asesor me pidió que me reuniera con los ejecutivos. _____
2. _____
3. _____
4. _____
5. _____
6. _____

5 **Primer día de trabajo** Carla le escribe un mensaje de correo electrónico a Teresa contándole sobre su primer día de trabajo. Escribe el mensaje usando la información de la actividad anterior y las palabras o frases de la lista. Usa el imperfecto de subjuntivo de al menos cinco verbos diferentes.

biodegradable	muy interesante
buen sueldo	nuevas tecnologías
combustibles alternativos	un poco estresante

Teresa, te quiero contar sobre mi primer día de trabajo. Mi jefa me pidió que me reuniera...

_____
_____
_____
_____
_____
_____
_____
_____
_____
_____
_____

8.3 *Si* clauses with simple tenses

1 **Situaciones** Completa estas oraciones sobre situaciones hipotéticas con el verbo adecuado.

1. Si no _____ (encuentras/encontraras) trabajo tendrás que trabajar para tu padre.

2. Si tuvieras más experiencia no _____ (estuvieras/estarías) en ese puesto.

3. Si la bolsa de valores _____ (bajara/bajaría), perderíamos dinero.

4. Si _____ (ahorras/ahorraras) algo, ahora no tendríamos tantas deudas.

5. Si el desempleo aumenta, _____ (hay/habrá) más pobreza en el mundo.

6. Si los empleados fueran más eficientes, el trabajo ya _____ (estuviera/estaría) terminado.

2 **Conversación** Éric y Johnny hablan sobre cómo podría ser la vida. Completa su conversación con la forma correcta del condicional o el imperfecto de subjuntivo de los verbos.

ÉRIC Johnny, ¿qué te gustaría hacer si 1) _____ (tener) más tiempo libre?

JOHNNY Me 2) _____ (encantar) viajar por toda Latinoamérica. De hecho, yo 3) _____ (poder) viajar si 4) _____ (conseguir) el puesto de reportero. Si Aguayo me 5) _____ (ascender), yo te 6) _____ (nombrar) mi asistente personal y te 7) _____ (llevar) conmigo a hacer reportajes.

ÉRIC Si te ascendieran yo me 8) _____ (quedar) con tu oficina, porque no sé si me 9) _____ (gustar) pasar todo el año viajando.

JOHNNY Piénsalo, si 10) _____ (ser) mi ayudante, no 11) _____ (tener) que aguantar a Aguayo como jefe.

ÉRIC Pero 12) _____ (tener) que aguantarte a ti, que tampoco es fácil.

3 **Si yo...** Completa estas oraciones explicando qué hacías, harás o harías en estas situaciones.

1. Si fuera el/la dueño/a de una empresa multinacional, _____

2. Si tuviera más ahorros, _____

3. Si hacía el trabajo a tiempo, mi jefe _____

4. Si consigo un ascenso, _____

5. Si invirtiera en la bolsa de valores, _____

6. Si me despiden, _____

Lección 8

4 **¿Qué harías?** ¿Qué harías si estuvieras en el lugar de estas personas? Usa el condicional y el imperfecto de subjuntivo.

1. Un(a) multimillonario/a, dueño/a de una fábrica de automóviles que está pensando en lanzar un carro híbrido.

_____

2. El/La delegado/a del sindicato que visita una empresa que explota a los trabajadores.

_____

3. Un(a) socio/a de una empresa de exportación en bancarrota.

_____

4. Un(a) empleado/a que cobra el sueldo mínimo y va a ser despedido/a.

_____

5. Un(a) ejecutivo/a incapaz que va a ser ascendido/a.

_____

6. Un(a) candidato/a a un puesto alto en una empresa que tiene dificultades financieras.

_____

5 **Dilemas** Elige una de estas tres situaciones y escribe un párrafo de por lo menos seis oraciones en el que describes lo que tú harías. Usa el condicional y el imperfecto de subjuntivo en tu respuesta.

1. Te enteras por otra persona que un(a) amigo/a te dijo una mentira.

2. No puedes encontrar trabajo en tu propio país.

3. Tus padres no están de acuerdo con algo que tú quieres hacer.

_____

_____

_____

_____

_____

_____

_____

_____

_____

_____

_____

_____

_____

_____

_____

_____

Nombre _____ Fecha _____

LECTURA

1 **Antes de leer** ¿Has buscado trabajo alguna vez? ¿En qué? ¿Cómo fue la búsqueda?

_____

_____

_____

¿Quieres conseguir un trabajo en Latinoamérica?

El proceso para conseguir un trabajo en Latinoamérica tiene muchos aspectos similares al de los Estados Unidos, pero también existen muchas diferencias. Primero, el factor más importante en muchos países latinoamericanos es el tipo de conexiones que tiene la persona que está buscando trabajo. Por otra parte, el uso de los clasificados en el periódico para buscar empleo varía de país a país, pero en general se puede decir que es bastante común recurrir a este medio.

Las personas que solicitan empleo deben presentar un currículum, que probablemente no será tan conciso y que incluirá datos personales, tales como lugar y fecha de nacimiento, estado civil, y hasta una foto. Muchas veces las empresas requieren este tipo de información.

Debido al alto nivel de desempleo, las empresas pueden ser exigentes (*demanding*) y poner muchas condiciones.

Las empresas también usan con frecuencia todo tipo de tests para seleccionar a sus empleados: por ejemplo, tests de personalidad, de conocimientos o de inteligencia. Y es común que al candidato se le hagan preguntas acerca de su estado civil, su salud, el número de hijos, si tiene carro, etc.

En las entrevistas se da mucha importancia a la apariencia personal, aunque siempre se le recomienda al candidato que se muestre seguro de sí mismo y de sus conocimientos.

Armado con toda esta información, ¿estás ya listo para iniciar tu búsqueda?

2 **Después de leer**

A Comprensión Elige la opción correcta para completar estas oraciones según lo que leíste.

1. El factor más importante a la hora de buscar trabajo en Latinoamérica es tener _____.
   a. contactos b. un currículum completo c. más de cuarenta años

2. A veces las empresas ponen muchas condiciones y son muy exigentes porque _____.
   a. los candidatos no están capacitados
   b. hay muchos candidatos
   c. no quieren contratar personas con hijos

3. Las empresas usan tests de personalidad, de inteligencia o de conocimientos para _____ a los candidatos.
   a. despedir b. seleccionar c. ascender

4. Hacer preguntas personales en las entrevistas de trabajo es _____.
   a. usual b. muy raro c. ilegal

B Diferencias Vuelve a leer el artículo y explica tres diferencias entre el proceso de búsqueda de trabajo en Latinoamérica y el proceso de búsqueda en tu país.

1. _____

2. _____

3. _____

Lección 8

Lección 8 Lectura Activities | **79**

COMPOSICIÓN

Imagina que estás buscando trabajo en un país latinoamericano. Elige un país que te interese y, en una hoja aparte, escribe tu currículum vitae para solicitar trabajo en Latinoamérica. Aquí te presentamos un modelo.

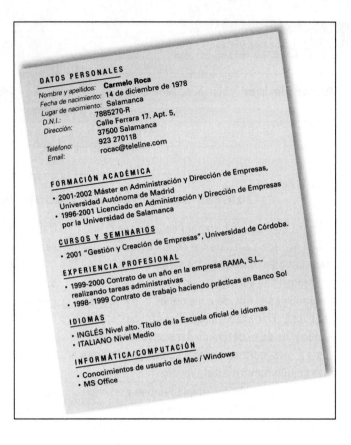

DATOS PERSONALES

Nombre y apellidos: **Carmelo Roca**
Fecha de nacimiento: 14 de diciembre de 1978
Lugar de nacimiento: Salamanca
D.N.I.:   7885270-R
Dirección: Calle Ferrara 17. Apt. 5,
                     37500 Salamanca
Teléfono: 923 270118
Email: rocac@teleline.com

FORMACIÓN ACADÉMICA
• 2001-2002 Máster en Administración y Dirección de Empresas,
  Universidad Autónoma de Madrid
• 1996-2001 Licenciado en Administración y Dirección de Empresas
  por la Universidad de Salamanca

CURSOS Y SEMINARIOS
• 2001 "Gestión y Creación de Empresas", Universidad de Córdoba.

EXPERIENCIA PROFESIONAL
• 1999-2000 Contrato de un año en la empresa RAMA, S.L.,
  realizando tareas administrativas
• 1998- 1999 Contrato de trabajo haciendo prácticas en Banco Sol

IDIOMAS
• INGLÉS Nivel alto. Título de la Escuela oficial de idiomas
• ITALIANO Nivel Medio

INFORMÁTICA/COMPUTACIÓN
• Conocimientos de usuario de Mac / Windows
• MS Office

PREPARACIÓN

Escribe las categorías que tu currículum va a tener. Considera cuatro como mínimo. Luego, en cada categoría, anota palabras y expresiones que se relacionen con cada una.

Categorías en el currículum vitae	Palabras y expresiones relacionadas con cada categoría

COMPOSICIÓN

El currículum vitae debe contener esta información:

• Información personal detallada (fecha y lugar de nacimiento, estado civil, etc.). Incluye información de contacto.
• Datos sobre cada categoría que elegiste: tu formación, experiencia, idiomas, etc.

CONTEXTOS

Lección 9

La cultura popular y los medios de comunicación

1 **Definiciones** Elige la palabra de la lista que corresponde a cada definición.

censura	episodio	portada
cine	estrella	publicidad
diario	imprimir	redactor
documental	lector	televidente
emisora	locutor	titular

_____ 1. persona que habla ante el micrófono en un programa de radio

_____ 2. estación de radio

_____ 3. película que informa sobre hechos reales

_____ 4. anuncio comercial para atraer a posibles compradores, espectadores, oyentes, etc.

_____ 5. persona que mira televisión

_____ 6. periódico que se publica todos los días

_____ 7. persona que trabaja en la oficina de un periódico y que escribe cosas que han pasado

_____ 8. artista de cine muy famoso/a

_____ 9. persona que lee

_____ 10. sala o edificio público en el que se exhiben películas

_____ 11. texto que anuncia una noticia

_____ 12. acto de prohibir que se transmita una película o se publique un libro o artículo

2 **La intrusa** Identifica la palabra que no pertenece al grupo.

1. el televidente   la telenovela   el episodio   la moda

2. el crítico de cine   la tira cómica   los efectos especiales   la banda sonora

3. la portada   el redactor   la sección deportiva   la sección de sociedad

4. la parcialidad   el locutor   el oyente   la emisora

5. la reportera   el público   la noticia   el reportaje

6. el canal   el titular   el subtítulo   la prensa

Lección 9

    Lección 9 Contextos Activities   **81**

3 **Palabras perdidas** Lee tres conversaciones entre personas que trabajan en distintos medios de comunicación. Completa cada una con las palabras de la lista.

al tanto	oyente	rodarlo
chismes	programa	telenovela
episodio	público	
estrella	radio	

A — Están todos los actores menos nuestra 1) _____. ¿Dónde está?

—Se fue, señor.

—¿Cómo que se fue? Le dije que el 2) _____ final de la telenovela no está bien. Tenemos que 3) _____ nuevamente.

B —¡Atención! Un 4) _____ nos llama. Hola. ¿Quién está en la línea?

—Hola, Mario. Me llamo Pedro y quería felicitarte por tu 5) _____. Me encanta escuchar la 6) _____ y es más interesante desde que comenzaste con *Música a tu medida*.

—¡Muchas gracias, Pedro! ¿Qué tema te gustaría escuchar?

C —¿Es cierto que la actriz principal de la 7) _____ *Ladrón de amor* y tú tienen una relación amorosa?

—Lo siento. No hay comentarios.

—El 8) _____ te admira y quiere saberlo. Tienes una obligación con tus admiradores, que quieren estar 9) _____ de tu vida.

—Mi obligación es impedir que inventes 10) _____.

4 **¿Quiénes conversan?** Vuelve a leer las conversaciones de la **actividad 3**. Indica quiénes son las personas que participan en cada una de ellas.

1. Conversación A _____
2. Conversación B _____
3. Conversación C _____

a. un director de cine y la actriz principal

b. un locutor de radio y un reportero

c. un locutor de radio y un oyente

d. un reportero y un actor

e. un director de cine y un ayudante

f. un reportero y la estrella de la telenovela *Ladrón de amor*

5 **Una estrella** Escribe una breve biografía de una estrella muy famosa. Usa por lo menos seis palabras o frases de la lista.

celebridad	controvertido	enterarse	fama	influyente
chisme	en vivo	estar al tanto	hacerse famoso/a	portada

_____

_____

_____

_____

Lección 9

ESTRUCTURA

9.1 The present perfect subjunctive

1 **Una película censurada** La última película del director Leopoldo Trujillo fue censurada. Completa la conversación entre el señor Trujillo y su amiga Ángela sobre la censura de su película. Usa los verbos de la lista.

hayan censurado	ha influido
ha cuidado	haya opuesto
haya dejado	ha sido
haya estado	haya sido
has formado	hayamos vuelto

LEOPOLDO   No me sorprende que los miembros del Instituto de Cinematografía

1) _____ la película.

ÁNGELA   ¡Qué mala suerte! Lo siento mucho.

LEOPOLDO   Pero dudo que el presidente del Instituto 2) _____

de acuerdo con la censura. Creo que 3) _____ presionado.

ÁNGELA   No estoy seguro de que 4) _____ presionado. Pienso que te

5) _____ una opinión equivocada de él.

LEOPOLDO   ¿No crees que el presidente se 6) _____ a la censura?

ÁNGELA   No pienso que él se 7) _____ convencer por la opinión de otros. Creo

que tiene mucho poder y él siempre 8) _____ mucho su imagen pública.

2 **Censura** El director Leopoldo Trujillo está muy enojado por la censura de su última película. Por eso, decide escibir una carta abierta y publicarla en un diario de gran difusión. Completa la carta con la forma apropiada del **pretérito perfecto de subjuntivo** de los verbos entre paréntesis.

Quienes 1) _____ (enterarse) de la decisión de censurar mi película sabrán por qué escribo esta carta.

Espero que todo el público 2) _____ (sentir) el mismo enojo que yo sentí. Lamentablemente, dudo que muchos colegas 3) _____ (enojarse). No estoy seguro de que los que me apoyan 4) _____ (ponerse) tan furiosos como yo, pero sé que algunos colegas se han alegrado. Y esto es muy triste para mí.

Me molesta mucho que el Instituto de Cinematografía 5) _____ (llegar) a esta decisión. Pero me molesta más que todos los miembros del Instituto 6) _____ (firmar) la decisión. El Instituto opina que la película tiene muchas escenas violentas. Pero yo sólo he tratado de representar una época. No puedo evitar que en esa época 7) _____ (haber) tanta violencia.

Por otra parte, no creo que la película se 8) _____ (evaluar) imparcialmente. Pero lo más terrible es que todavía exista la censura. Que nosotros 9) _____ (ser) tratados como niños en el pasado no quiere decir que seguiremos permitiéndolo en el futuro. Somos capaces de evaluar, criticar, pensar y decidir. ¡Defendamos nuestro derecho a la libertad de expresión!

Leopoldo Trujillo

Lección 9 Estructura Activities   **83**

Lección 9

3 **Conversación con el presidente del Instituto de Cinematografía** Leopoldo Trujillo, el director de cine, discute con Francisco Madero, el presidente del Instituto de Cinematografía. Completa la conversación con el opuesto de lo que dice Leopoldo. Utiliza el **pretérito perfecto de subjuntivo** o el **pretérito perfecto de indicativo**, según corresponda. Sigue el modelo.

> **modelo**
>
> **LEOPOLDO** Creo que el Instituto no ha sido imparcial con mi película.
> **FRANCISCO** No creo que el Instituto haya sido parcial.

LEOPOLDO ¿Por qué? Dudo que la película haya exagerado los hechos.

FRANCISCO 1) _____. Deberías estudiar más historia.

LEOPOLDO Pienso que tú has leído sólo una parte de la historia verdadera.

FRANCISCO 2) _____. Insisto en que la película ha exagerado los hechos.

LEOPOLDO No creo que esta situación haya terminado.

FRANCISCO 3) _____. Mejor dicho, ¡no hay nada más que discutir!

LEOPOLDO Pienso que me has engañado.

FRANCISCO 4) _____. Creo que tú nunca has llegado a conocer mis ideas.

LEOPOLDO Y yo creo que es cierto que no te ha importado mi amistad.

FRANCISCO 5) _____. Pero mi trabajo es mi trabajo.

LEOPOLDO No estoy seguro de que al público le haya gustado la decisión.

FRANCISCO 6) _____. De lo contrario, estaría protestando.

4 **Protesta** Cientos de personas comenzaron a protestar contra la censura. El Instituto de Cinematografía se vio obligado a organizar una reunión para reconsiderar su decisión. Completa los comentarios de algunos manifestantes que esperan el resultado de la reunión. Utiliza el **presente de subjuntivo** o el **pretérito perfecto de subjuntivo**, según corresponda.

1. "Es increíble que en el siglo XXI se _____ (prohibir) una película."

2. "Es necesario que _____ (existir) un solo tipo de censura: pedimos que se _____ (prohibir) la censura."

3. "Esperamos que el Instituto _____ (revisar) su decisión en la reunión que acaba de terminar."

4. "Esperamos también que en la reunión se _____ (reconsiderar) la censura."

5. "Ojalá que esta mañana los miembros del Instituto _____ (reflexionar) más profundamente sobre esta situación y que _____ (decidir) renunciar a sus cargos."

6. "Preferimos que de ahora en adelante el Instituto Cinematográfico _____ (elegir) miembros que _____ (defender) la libertad de expresión."

Lección 9 Estructura Activities

9.2 Relative pronouns

1 **Un profesor paraguayo** Eduardo, un profesor que enseña español en los Estados Unidos, está hablando con sus estudiantes sobre su país y su cultura. Completa lo que dice con los pronombres relativos **que, quien y cuyo/a.**

1. Yo soy de Paraguay, _____ capital es Asunción.

2. El guaraní es la lengua _____ hablan casi todas las personas en Paraguay.

3. En Paraguay, yo trabajo como profesor bilingüe en un instituto _____ se especializa en la enseñanza de lenguas extranjeras.

4. Los paraguayos nos refrescamos con una bebida _____ nombre es *tereré*.

5. Un día invitaré a la clase a una profesora amiga mía a _____ le interesa la tradición oral guaraní.

6. A mi madre, _____ es uruguaya, le encanta hablar guaraní.

2 **El mate** Eduardo invita a sus estudiantes a una mateada y les habla del mate. Completa las explicaciones de Eduardo con la opción correcta.

1. El mate es la bebida _____ (que/cual/cuyo) más nos gusta.

2. La calabaza y la bombilla son los instrumentos _____ (cuyos/con los que/quienes) preparamos el mate.

3. La yerba contiene mateína _____ (la que/lo que/que) es una sustancia similar a la cafeína pero que no afecta el sueño.

4. El mate es una bebida _____ (que/cuyos/cuyo) beneficios para la salud son numerosos porque contiene vitaminas y antioxidantes, y no quita el sueño.

5. El tereré, _____ (que/quien/cuyo) nombre proviene del guaraní, es una bebida _____ (quien/que/la que) refresca mucho. Esta bebida es la variante fría del mate. En Paraguay, decimos que es un amigo _____ (con que/cuyo/con quien) compartimos momentos buenos y malos.

6. Los profesores de la escuela _____ (para la cual/cuya/con el cual) trabajo en Paraguay siempre toman tereré en los recreos (*breaks*).

3 **Don Eduardo** Completa este breve texto sobre don Eduardo, el profesor de las actividades anteriores, con los pronombres relativos de la lista. Algunos pronombres se repiten.

a quien	cuya	en la que	que
con el que	de los que	la que	quien

Don Eduardo, 1) _____ es paraguayo, tiene una amiga 2) _____ admira mucho y 3) _____ es una experta en la tradición oral guaraní. Don Eduardo, 4) _____ familia materna era uruguaya, es un enamorado de las tradiciones de su país. Los aspectos culturales 5) _____ más ha hablado a los estudiantes son el idioma y el mate. En Paraguay, se lo suele tomar frío y se le llama *tereré*. Para Eduardo esta bebida es 6) _____ mejor simboliza la identidad cultural del paraguayo. Otra cuestión 7) _____ le interesa mucho a don Eduardo es el guaraní, lengua 8) _____ él mismo escribe y habla.

Lección 9

4 **Descripciones** Empareja estas palabras con las descripciones correspondientes.

1. la estrella del pop _____
2. la banda sonora _____
3. el crítico de cine _____
4. los oyentes _____
5. los subtítulos _____
6. el periodista _____

a. el texto escrito que aparece en la pantalla con una traducción o transcripción de lo que escuchamos
b. la persona cuyo trabajo se desempeña en un periódico, revista o programa de televisión
c. la persona a quien todos piden autógrafos
d. la música con la que se acompaña a una película
e. la persona que escribe la crítica de las películas
f. las personas que escuchan los programas de radio

5 **¡A emparejar!** Completa las oraciones de la lista A con las cláusulas de la lista B.

A

1. Mi amigo el locutor, _____, está a punto de empezar un nuevo programa de radio.
2. Ese canal _____ pertenece a una cadena de televisión independiente.
3. Mis padres, _____, van a ir al Carnaval de Cádiz este año.
4. El corresponsal, _____, normalmente trabaja para una cadena de televisión o periódico.
5. Me encanta la horchata _____.
6. Los periodistas _____ en la redacción son muy jóvenes y dinámicos.

B

a. que hace mi madre
b. cuyo trabajo consiste en enviar noticias de actualidad desde un país extranjero
c. a quienes quiero mucho
d. con quien me llevo muy bien
e. que emite las veinticuatro horas en español
f. con los que trabajo

6 **Un poco de cultura** Completa las descripciones para dar más información sobre estas personas, lugares o cosas. Utiliza cláusulas explicativas y las palabras de la lista. Añade toda la información que quieras.

> actriz y cantante   capital   estilo musical
> bebida muy popular   escritor uruguayo   una fiesta tradicional

1. Natalia Oreiro, _que es una actriz y cantante uruguaya_, ha protagonizado la telenovela *Muñeca brava*.
2. Inca Kola, _____, es un auténtico símbolo nacional.
3. Eduardo Galeano, _____, es el autor de *Bocas del tiempo*.
4. En Montevideo, _____, las personas son muy aficionadas al mate.
5. El candombe, _____, proviene de los ritmos africanos de los esclavos de la época colonial.
6. El Carnaval, _____, llena las calles de gente, música y murgas.

9.3 The neuter *lo*

1 **Las telenovelas** Lee este texto escrito por la protagonista de la telenovela *Hombre y mujer* y completa las oraciones con **lo** o **lo que.**

"En una telenovela 1) _____ difícil es entretener al público y conseguir que éste mire la telenovela todos los días. 2) _____ bueno es que ese público puede ser muy fiel. 3) _____ más me gusta del rodaje es el contacto diario con los compañeros y 4) _____ menos me gusta es tener que madrugar tanto para rodar varios capítulos al día. 5) _____ más positivo de mi experiencia como actriz de telenovelas es que todo el mundo te conoce por la calle, aunque eso es también 6) _____ más negativo porque, si interpretas un personaje malvado (*evil*), todo el mundo piensa que eres un malvado en la vida real. Yo siempre quiero saber 7) _____ mi madre piensa de mi personaje."

2 **La radio** ¿Qué le contaría sobre su profesión un(a) locutor(a) de radio a un(a) estudiante que quiere estudiar periodismo? Lee las preguntas y escribe las posibles respuestas que daría el/la locutor(a). Escribe oraciones que comiencen con **lo** o **lo que.**

1. ¿Qué es lo que más le gusta de su trabajo?
   Lo que más me gusta es poder compartir con otros mi música favorita.
   _____

2. ¿Qué es lo más difícil en su trabajo?
   _____

3. ¿Qué es lo que más le molesta de su profesión?
   _____

4. ¿Qué es lo más interesante de ser locutor(a)?
   _____

5. ¿Qué es lo más aburrido de su trabajo?
   _____

3 **Lo mejor y lo peor** Ahora escribe tú una lista sobre **lo mejor** y **lo peor** de ser un(a) cantante de moda o una celebridad. Piensa en cinco ventajas y cinco desventajas. ¡Sé creativo/a!

Lo mejor	Lo peor
_____	_____
_____	_____
_____	_____
_____	_____

4 **Corresponsal en Uruguay** Álvaro, un reportero de Miami, fue destinado el año pasado a la ciudad de Montevideo como corresponsal. Completa los pensamientos de Álvaro con palabras de la lista.

bellos	cómodo	educada	feliz	hermosa
bien	difícil	fácil	grande	monumental

1. Me dijeron lo _____ que sería mi trabajo y es cierto que tengo que trabajar mucho, pero no me dijeron lo _____ que es adaptarse a la vida aquí. ¡Me sentí como en casa desde el principio!

2. Me asombra lo _____ que es la ciudad, con sus parques y su arquitectura, y lo _____ que es la gente aquí. Te ayudan con cualquier problema.

3. Me parece increíble lo _____ que circula el tráfico a pesar de lo _____ que es la ciudad.

4. Parece mentira lo _____ que son los edificios de la Avenida Dieciocho de Julio y lo _____ que es la Ciudad Vieja, tan llena de historia.

5. Aún no me puedo creer lo _____ que vivo aquí y lo _____ que estoy.

5 **¿Le molesta o le gusta?** Según nuestra profesión, personalidad o edad, nos gustan o no ciertas cosas. Escribe oraciones contando lo que les gusta o les molesta a estas personas.

> **modelo**
> locutora de una radio estudiantil: gustar-molestar/contar chismes por la radio
> *Lo que le molesta a la locutora de la radio estudiantil es contar chismes por la radio.*

1. estrella de una comedia de situación (*sitcom*): agradar-desagradar/no salir en las revistas

   _____

2. estudiante de español: encantar-detestar/una novela larga y aburrida

   _____

3. periodista deportivo: gustar-molestar/comentar los partidos de fútbol americano de las escuelas secundarias

   _____

4. redactor de un periódico: preocupar-no preocupar/los titulares para la portada

   _____

5. el reportero: encantar-detestar/ser el primero en descubrir una noticia

   _____

6 **¡Me asombra lo listo que soy!** Escribe oraciones con **lo + adjetivo/adverbio + que** combinando los elementos. Haz los cambios que sean necesarios.

1. Fabiola/asombrarse/la redacción del periódico está muy lejos
   Fabiola se asombra de lo lejos que está la redacción del periódico.

2. El público/sorprenderse de/la telenovela es muy divertida

   _____

3. El público/burlarse de/la telenovela es muy melodramática

   _____

4. Lucía/no poder creer/es muy difícil componer una buena banda sonora

   _____

5. Ser increíble/las películas comerciales son muy malas

   _____

6. Ser sorprendente/los subtítulos se leen muy bien

   _____

LECTURA

1 Antes de leer

1. Lee el título de esta lectura. ¿Cuál será el tema principal? ¿Qué otras predicciones puedes hacer sobre el texto? Menciona tres. _____

_____

2. Lee rápidamente el primer párrafo. ¿Cuáles son las características de las telenovelas tradicionales?

_____

_____

Pedro, el escamoso: una telenovela moderna

En los últimos años, un nuevo tipo de telenovela ha surgido° en Colombia. Programas como *Betty, la fea* y *Pedro, el escamoso* han cambiado el estilo y argumento tradicional de las telenovelas. En lugar de basarse en un mundo idealizado y artificial, las nuevas telenovelas están llenas de realismo y de humor.

Betty, la fea y *Pedro, el escamoso* pertenecen a este nuevo formato que utiliza un nuevo tipo de protagonista, que pertenece a la clase media o trabajadora y que no responde a los ideales de belleza habituales. Estos elementos hacen que el público se identifique más fácilmente con los personajes.

Pedro, el escamoso cuenta la historia de Pedro Coral, un atípico héroe de barrio. Pedro ayuda a amigos y vecinos y siempre es amable con todo el mundo. En el lenguaje coloquial colombiano, un "escamoso" es una persona que aparenta ser lo que no es. Como es de esperar, este personaje hace justicia° a su nombre. Es también un *don Juan* pero con un corazón de oro, leal y cariñoso, que sabe ganarse las simpatías de todos.

Una de las características más originales de este personaje es su forma de vestir, un tanto peculiar y que muchos considerarían de mal gusto°. Esta particularidad, sin embargo, le imprime más personalidad. Los televidentes son conscientes de que un simple cambio lo puede convertir en un hombre atractivo y seductor. Conocen todo el potencial que tiene el protagonista y siguen sus pasos sabiendo que su bondad lo llevará a conseguir lo que quiera.

La telenovela *Pedro, el escamoso* se ha convertido en todo un éxito. También ha triunfado en los Estados Unidos, donde el *Washington Post* le ha dedicado dos artículos al fenómeno social de este divertido personaje.

ha surgido *has emerged* **hace justicia** *does justice* **de mal gusto** *in bad taste*

2 Después de leer Contesta estas preguntas.

1. ¿Por qué se dice que en los últimos años ha surgido en Colombia un nuevo tipo de telenovela?

_____

2. ¿Quién es *Pedro, el escamoso*? ¿Qué significa "escamoso"?

_____

3. ¿Cómo es la personalidad del personaje de Pedro? ¿Qué característica original tiene?

_____

_____

Lección 9

Lección 9 Lectura Activities

COMPOSICIÓN

Piensa en los personajes de la televisión o cine más importantes o influyentes en la sociedad actual. Elige uno/a para escribir un perfil acerca de él o ella.

PREPARACIÓN

Elige el personaje y busca información sobre su origen, su personalidad, su apariencia física, sus trabajos en los medios de comunicación y los motivos por los que es famoso.

Origen: _____

Personalidad: _____

Apariencia física: _____

Trabajos: _____

Motivos: _____

COMPOSICIÓN

Ahora escribe una composición que contenga la información que se detalla a continuación. Para guiarte, puedes seguir el modelo de la lectura *Pedro, el escamoso* de la página anterior. Lleva tu composición a la clase para compartirla con tus compañeros.

- Describe detalladamente cada categoría de la **PREPARACIÓN** con oraciones completas.
- Incluye una cita del personaje para hacer tu artículo más interesante.
- Incluye una foto del personaje.

_____

_____

_____

_____

_____

_____

_____

_____

_____

_____

_____

_____

_____

_____

Lección 9

CONTEXTOS

Lección 10
La literatura y el arte

1 **Palabras escondidas**

A. Ordena las letras para formar palabras relacionadas con la literatura.

1. IAMR

    ☐ ☐ ☐ ☐
      4 13 11

2. DOARARNR

    ☐ ☐ ☐ ☐ ☐ ☐ ☐ ☐
    7 2   12 23 15

3. TGRAICO

    ☐ ☐ ☐ ☐ ☐ ☐ ☐
    8 24 18 14 1 21

4. SEVRO

    ☐ ☐ ☐ ☐ ☐
        9

5. TAFSORE

    ☐ ☐ ☐ ☐ ☐ ☐ ☐
    19 16   6

6. ASROP

    ☐ ☐ ☐ ☐ ☐
      10   20

7. REUNATMOG

    ☐ ☐ ☐ ☐ ☐ ☐ ☐ ☐ ☐
    22   3 17 5

B. Completa este verso del famoso escritor y poeta español Antonio Machado copiando las letras de la parte A que tienen números debajo de cada casilla.

☐ ☐ ☐ ☐ ☐ ☐ ☐ ☐ ☐   ☐ ☐ H Y ☐   ☐ ☐ ☐ ☐ ☐ ☐ ,   ☐ ☐ H ☐ ☐
1 2 3 4 5 6 7 8 9   7 10   11   1 12 13 14 7 15   16 17   18 1 19

☐ ☐ ☐ ☐ ☐ ☐   L ☐ ☐ ☐ ☐ ☐
1 20 3 14 7 21   22   20 7 23 12 24

2 **Definiciones** Conecta cada palabra con su definición.

_____ 1. biografía

_____ 2. novela rosa

_____ 3. dramaturgo

_____ 4. novelista

_____ 5. autorretrato

_____ 6. cubismo

a. autor de novelas

b. obra literaria sobre la vida de una persona

c. retrato que un pintor pinta de sí mismo

d. movimiento artístico que se basa en formas geométricas

f. persona que escribe obras de teatro

g. novela romántica y por lo general dramática

3 **Un evento cultural** Fabiola y Éric están conversando sobre lo que tienen que hacer antes de que empiece la semana cultural en la Ciudad de México. Completa la conversación con las palabras de la lista.

biografías	género literario	poesía
contemporáneo	hojear	poeta
cuadros	obras	policíaca
desarrollarse	pintores	prosa

ÉRIC ¡Qué bien que este año la *Semana Cultural de la Ciudad de México* va a

1) _____ muy cerca de nuestra oficina!

FABIOLA Sí, es la próxima semana; estoy emocionadísima. Tengo que entrevistar a varios

2) _____ famosos y necesito antes ir al museo a estudiar sus

3) _____ de arte. Algunos de sus 4) _____

están expuestos en el Museo de Arte 5) _____.

ÉRIC También sería buena idea que leyeras sus 6) _____. Yo también tengo que

entrevistar a un 7) _____ y no sé que hacer porque la entrevista es mañana

y no he tenido tiempo de leer sus poemas.

FABIOLA Por lo menos deberías 8) _____ algunos de sus libros para saber de qué se

tratan, ¿no?

ÉRIC La verdad es que la 9) _____ no es mi 10) _____

favorito, prefiero la 11) _____. Por ejemplo, ¡una buena novela

12) _____ con un asesinato a resolver!

FABIOLA Suerte, Éric. Necesito conseguir un programa, no quiero perderme ningún acto cultural.

4 **Programa cultural** Escribe un artículo que describa algunas de las actividades culturales que se desarrollarán en la *Semana Cultural de la Ciudad de México*. Usa al menos diez palabras de la lista.

abstracto	de buen gusto	movimiento	pintor
al estilo de	didáctico	novela rosa	protagonista
artesano	dramaturgo	novelista	surrealismo
autobiografía	literatura infantil	obra de arte	tratarse de

_____

_____

_____

_____

_____

_____

_____

ESTRUCTURA

10.1 The future perfect

1 **Se acerca el estreno** Tres estudiantes y un profesor de un taller de teatro están preparando una obra. Completa la conversación con la forma adecuada del futuro perfecto.

CARMEN La semana que viene se estrena la obra de teatro. ¡Estoy muy emocionada!

MIGUEL Yo también, aunque no sé si para ese día 1) _____ (terminar) de estudiar mi papel.

CARMEN ¿2) _____ (llegar) ya las invitaciones?

MIGUEL Espero que sí. Ya es tiempo de repartirlas.

PROFESOR Nicolás, ¿para el lunes que viene tú 3) _____ (conseguir) hablar con el dueño del teatro?

NICOLÁS Sí, creo que para el lunes ya lo 4) _____ (hacer).

PROFESOR Y ustedes, ¿5) _____ (reunirse) para practicar la obra?

CARMEN Sí, profesor, para el martes nosotros 6) _____ (actuar) para nuestros amigos.

MIGUEL Profesor, por casualidad ¿7) _____ (guardar) usted los boletos para nuestras familias?

PROFESOR Sí, ya los tengo.

CARMEN ¡Qué emoción! Dentro de una semana nosotros ya 8) _____ (salir) a festejar el éxito de la obra de teatro.

MIGUEL No veo la hora de que llegue ese momento.

2 **En el aeropuerto** Elena y su amiga Ana han estado de vacaciones en el Perú. Antonio, un amigo, las está esperando en el aeropuerto. Mientras espera, él imagina lo que ellas habrán hecho durante sus vacaciones. Completa lo que Antonio piensa, usando el futuro perfecto.

Estoy seguro de que ellas lo 1) _____ (pasar) muy bien. Creo que 2) _____ (quedarse) en el club deportivo que les recomendaron. Allí, organizan actividades culturales y seguro que ellas también 3) _____ (entretenerse) visitando museos y yendo al teatro. ¡Qué envidia! ¡Y yo aquí trabajando las veinticuatro horas del día! ¿4) _____ (ver) Elena a sus parientes? No sé si ella 5) _____ (tener) tiempo para visitarlos. Al final, ellas 6) _____ (decidir) quedarse en la costa. Ellas 7) _____ (ir) a espectáculos todas las noches y 8) _____ (relajarse) leyendo en la playa.

Lima, Perú

Lección 10 Estructura Activities

3 **Suposiciones** Antonio sigue esperando en el aeropuerto y se está poniendo un poco nervioso porque Elena y Ana no llegan. Escribe las suposiciones que hace Antonio usando el futuro perfecto.

1. Elena y Ana no han llegado todavía.
   Elena y Ana no habrán llegado todavía. _____

2. Ellas aterrizaron muy pronto y tomaron un taxi.
   _____

3. Se olvidaron de que yo iba a recogerlas al aeropuerto.
   _____

4. Me equivoqué de aeropuerto.
   _____

5. Ana cambió el boleto para quedarse en el Perú más tiempo.
   _____

6. Tuvieron un accidente de camino al aeropuerto.
   _____

7. ¡Ana visitó una galería de arte y se enamoró de un pintor peruano!
   _____

8. ¡Elena decidió quedarse en el Perú para terminar allí su novela!
   _____

4 **En veinte años...** Imagina que en los próximos veinte años te convertirás en un(a) escritor(a) famoso/a. Utiliza las palabras de la lista para expresar lo que habrá sucedido en tu vida dentro de veinte años. Usa el futuro perfecto.

autobiografía	de mal gusto	escribir	novelista
casarse	de terror	escultor	obra de arte
ciencia ficción	diseñar	movimiento	pintor
cubismo	ensayista	novela rosa	tener

_____
_____
_____
_____
_____
_____
_____
_____
_____
_____

10.2 The conditional perfect

1 **Exposición de arte** Raúl y Julia acaban de regresar de una exposición de arte chileno y especulan sobre cómo la exposición y su visita podrían haber sido diferentes. Completa sus comentarios con el condicional perfecto.

1. La exposición _____ (tener) más éxito si hubiera estado en el centro de la ciudad.

2. Nos _____ (gustar) hablar con los artistas.

3. Nosotros _____ (hacer) una entrevista a los pintores si hubiéramos tenido la oportunidad.

4. Los escultores _____ (vender) más esculturas en otra galería.

5. Una colección de arte contemporáneo _____ (ser) más inquietante.

6. Incluir murales en la exposición _____ (atraer) a más público.

2 **Más críticas** Raúl y Julia le comentan a su amigo José que la exposición de arte chileno fue un fracaso y le piden su opinión. Lee los comentarios y escribe lo que José habría hecho en cada caso.

1. No había muchas pinturas al óleo.
   (exponer) *Yo habría expuesto más pinturas al óleo.*

2. Había demasiado arte impresionista.
   (incluir) _____

3. Las pinturas no eran muy llamativas.
   (seleccionar) _____

4. Los artistas no eran populares.
   (invitar) _____

5. No hicieron mucha publicidad de la exposición.
   (anunciar) _____

6. Todas las obras eran de colores luminosos.
   (elegir) _____

3 **Tu opinión** ¿Qué habrías hecho tú para que esta exposición hubiera tenido más éxito? Revisa las dos actividades anteriores y escribe seis oraciones con tus ideas usando el condicional perfecto.

> **modelo**
> *Yo habría incluido música en vivo.*

_____

_____

_____

_____

_____

_____

4 **Ponerse en el lugar** Contesta las preguntas haciendo especulaciones sobre cada una de estas situaciones. Usa el futuro perfecto o el condicional perfecto en tus respuestas.

1. ¿Qué le habrá pasado a este escritor?
_____
_____

3. ¿Qué habrá sentido el pintor?
_____
_____

5. ¿Qué le habrá pasado a la primera bailarina?
_____
_____

2. ¿Quién le habría dado tanto dinero?
_____
_____

4. ¿Qué habría pensado el otro hombre?
_____
_____

6. ¿Qué habría hecho la directora de la compañía si se hubieran lastimado dos bailarinas?
_____
_____
_____

5 **¿Y tú?** Imagina que estás en la situación de cada uno de los personajes de la **actividad 4.** ¿Qué habrías hecho en cada caso? Escribe dos oraciones para cada situación usando el condicional perfecto y al menos cuatro palabras de la lista.

clásico	entrevista	protagonista
de mal gusto	escenario	reflejar
dibujar	literatura juvenil	telón (*curtain*)
directora	pincel	trágico

_____
_____
_____
_____
_____
_____
_____
_____
_____
_____
_____

10.3 The past perfect subjunctive

1 **Reproches** El director de una escuela de arte de Santiago de Chile no está nada contento con la obra de teatro de final de curso que presentaron los estudiantes y por eso se reunió con los profesores. Completa los comentarios del director y de los profesores usando el pluscuamperfecto del subjuntivo.

1. Una obra de teatro más contemporánea _____ (tener) más éxito.

2. Es posible que la obra _____ (estar) mejor con Ramón como protagonista.

3. No podía creer que los estudiantes no _____ (memorizar) sus papeles.

4. Me molestó mucho que ustedes no _____ (preparar) mejor a sus estudiantes.

5. Esperaba que _____ (venir) más público a ver la obra.

6. Los estudiantes habrían trabajado más si nosotros _____ (insistir) en que debían hacerlo.

7. Si nosotros _____ (ensayar) más, la obra no habría sido un fracaso total.

8. Me molestó que los estudiantes no _____ (demostrar) su talento.

2 **Comentarios de un profesor envidioso** El profesor de teatro está envidioso porque las presentaciones de los talleres de literatura y pintura tuvieron más éxito que la obra de teatro. Lee los comentarios que le hace a su esposa sobre lo que siente y elige la forma verbal correcta para cada caso.

1. No creo que los estudiantes (hayan pintado / hubieran pintado) _____ todos esos cuadros.

2. Me sorprendió que los textos del taller de literatura (hayan tenido / hubieran tenido) _____ errores gramaticales.

3. Era poco probable que los cuadros (hayan sido / hubieran sido) _____ menos inquietantes. El profesor del taller de pintura es muy exagerado.

4. Tenía miedo de que los estudiantes se (hayan olvidado / hubieran olvidado) _____ el guión de sus papeles.

5. No estoy seguro de que el profesor de literatura (haya presentado / hubiera presentado) _____ todo lo que sus estudiantes escribieron.

6. Temo que el director (haya decidido / hubiera decidido) _____ despedir al profesor del taller de pintura.

3 **Cuestión de gusto** Un profesor de la escuela de arte no está satisfecho con la escultura de un estudiante. El estudiante no está de acuerdo con la opinión del profesor. Escribe una conversación entre el profesor y el estudiante. Usa las frases de la lista y combínalas con el pluscuamperfecto del subjuntivo.

me sorprendió que	habría preferido que
nunca pensé que	mis compañeros y yo esperábamos que

> **modelo**
> Profesor: Quería hablar contigo porque me sorprendió
> que hubieras hecho una escultura tan poco creativa...

_____

_____

_____

_____

4 **Artículo** El periódico de la escuela de arte publicó un artículo sobre la obra de teatro. Sin embargo, las opiniones del periodista fueron bastante distintas de las del director. Escribe seis oraciones usando al menos diez palabras de la lista y el pluscuamperfecto del subjuntivo para expresar las opiniones positivas del periódico de la escuela.

alegrarse	molestar
desear	obra de teatro
director	padres
estudiantes	personajes
gustar	preferir
importar	público

modelo

No me molestó que la obra de teatro hubiera sido demasiado larga.

_____

_____

_____

_____

_____

_____

5 **Primeras impresiones** ¿Te acuerdas de la primera vez que visitaste un museo de arte? ¿Cómo reaccionaste al ver las obras? Completa estas oraciones usando el pluscuamperfecto del subjuntivo para describir lo que estabas pensando en aquel momento. Usa al menos seis palabras de la lista.

acuarela	cuadro	naturaleza muerta
autorretrato	exposición	murales
contemporáneo	luminoso	surrealismo

modelo

Me gustó que *mi profesora de arte hubiera organizado una excursión al museo.*

1. Dudé que _____

2. Era improbable que _____

3. Me alegré de que _____

4. Me sorprendió que _____

5. Nunca había pensado que _____

6. Me gustó mucho que _____

LECTURA

1 **Antes de leer** ¿Cuál es tu pintor(a) preferido/a? ¿Por qué? _____

_____

La realidad de Frida Kahlo, tan dramática como intensa

Se han escrito muchos libros sobre ella, se le han dedicado grandes producciones cinematográficas y la han representado megaestrellas, como Salma Hayek. Esto es porque la vida de Frida Kahlo fue casi tan dramática como intensa.

Frida nació en 1907, tres años antes de que empezara la Revolución Mexicana, en la que murieron más personas que en ninguna otra revolución en la historia del mundo. Frida pasó su infancia entre un barrio residencial de la Ciudad de México, donde vivía con su familia, y las calles del centro de la capital, donde se encontraba el estudio fotográfico de su padre. A los 19 años de edad tuvo un terrible accidente de tranvía. El accidente le produjo graves heridas internas que le causaron dolores durante toda su vida y por culpa de las cuales no pudo tener hijos. En el mismo año comenzó a pintar mientras se recuperaba en la cama. Su amor por el arte y la pintura la llevaron a conocer en 1928 al gran muralista Diego Rivera, con el cual se casó dos años después. Diego Rivera era 21 años mayor que Frida; ella tenía 22 años y él 43. A principios de la década de 1930, vivieron unos años entre San Francisco, Detroit y Nueva York, donde conocieron a personajes importantes como Nelson Rockefeller. En 1934 regresaron a México y se hicieron miembros del Partido Comunista, luchando por los derechos de los indígenas y campesinos de su país. En 1937 Frida ayudó a León Trotsky y a su esposa en su lucha revolucionaria. Y un año después Frida tuvo la primera exposición individual de sus pinturas en Nueva York. En México su primera exposición fue en 1953. Los últimos días de su vida fueron muy trágicos. Diego y ella se divorciaron y ella se enfermó tanto que tuvo que pasar nueve meses en un hospital. Murió en 1954, a los 47 años de edad.

2 **Después de leer**

A Cierto o falso Indica si las afirmaciones son **ciertas** o **falsas**.

Cierto	Falso	
❏	❏	1. Frida Kahlo nació durante la Revolución Mexicana.
❏	❏	2. En 1926 Frida tuvo un terrible accidente.
❏	❏	3. Frida comenzó a pintar cuando conoció a Diego.
❏	❏	4. Diego y Frida se casaron en 1930.
❏	❏	5. Después de vivir en los Estados Unidos, regresaron a México en 1934.
❏	❏	6. Frida tuvo su primera exposición en México.

B Preguntas Contesta las preguntas.

1. ¿Cuál es el acontecimiento que más te impresionó de la vida de Frida Kahlo?

_____

2. ¿Por qué piensas que Frida Kahlo es tan famosa?

_____

3. ¿Te recuerda Frida Kahlo a otro/a pintor(a) o artista? ¿Por qué?

_____

4. ¿Conoces los autorretratos o alguna otra obra de Frida Kahlo? ¿Te gustan? ¿Por qué?

_____

Lección 10

COMPOSICIÓN

Vas a prepararte para escribir una crítica de una obra de arte o de literatura.

PREPARACIÓN

Piensa en algunas obras de arte que hayas visto o en algunas obras literarias (poemas, novelas, cuentos, etc.) que hayas leído en el libro de texto. Elige una obra de arte y una obra literaria y completa la información del cuadro.

Obra de arte	Obra literaria
Título: _____	Título: _____
Artista: _____	Autor(a): _____
Lo que me gusta: _____	Lo que me gusta: _____
_____	_____

COMPOSICIÓN

Elige la obra de arte o la obra literaria y escribe una crítica que incluya esta información.

- Descripción de la obra.
- Crítica de la obra dando ejemplos específicos. Incluye las expresiones que aprendiste en el episodio de la **Fotonovela** en esta lección. Considera los aspectos que más te gustaron y los que menos te interesaron.
- Al menos dos cláusulas condicionales (**si**) con tiempos compuestos.

_____

_____

_____

_____

_____

_____

_____

_____

_____

_____

_____

_____

_____

_____

_____

_____